“十一五”国家重点图书出版规划项目

北京市社会科学理论著作出版基金重点资助项目

启功全集

（修 订 版）

第 十 一 卷

画 作

北京师范大学出版集团
BEIJING NORMAL UNIVERSITY PUBLISHING GROUP
北京师范大学出版社

图书在版编目（CIP）数据

启功全集（修订版）. 第11卷，画作 / 启功著. —北京：北京师范大学出版社，2012.9

ISBN 978-7-303-14712-0

Ⅰ. ①启… Ⅱ. ①启… Ⅲ. ①启功（1912—2005）—文集 ②中国画—作品集—中国—现代 Ⅳ. ①C53 ②J222.7

中国版本图书馆CIP数据核字（2012）第181110号

营销中心电话 010-58802181 58805532
北师大出版社高等教育分社网 http://gaojiao.bnup.com.cn
电子信箱 beishida168@126.com

QIGONG QUANJI

出版发行：北京师范大学出版社 www.bnup.com.cn
北京新街口外大街19号
邮政编码：100875
印　　刷：北京盛通印刷股份有限公司
经　　销：全国新华书店
开　　本：170 mm × 260 mm
印　　张：372.5
字　　数：5021千字
版　　次：2012年9月第1版
印　　次：2012年9月第1次印刷
总 定 价：2680.00元（全二十卷）

策划编辑：李　强　　责任编辑：李　强　陶　虹
美术编辑：毛　佳　　装帧设计：李　强
责任校对：李　菡　　责任印制：李　啸

启功先生像

目 录

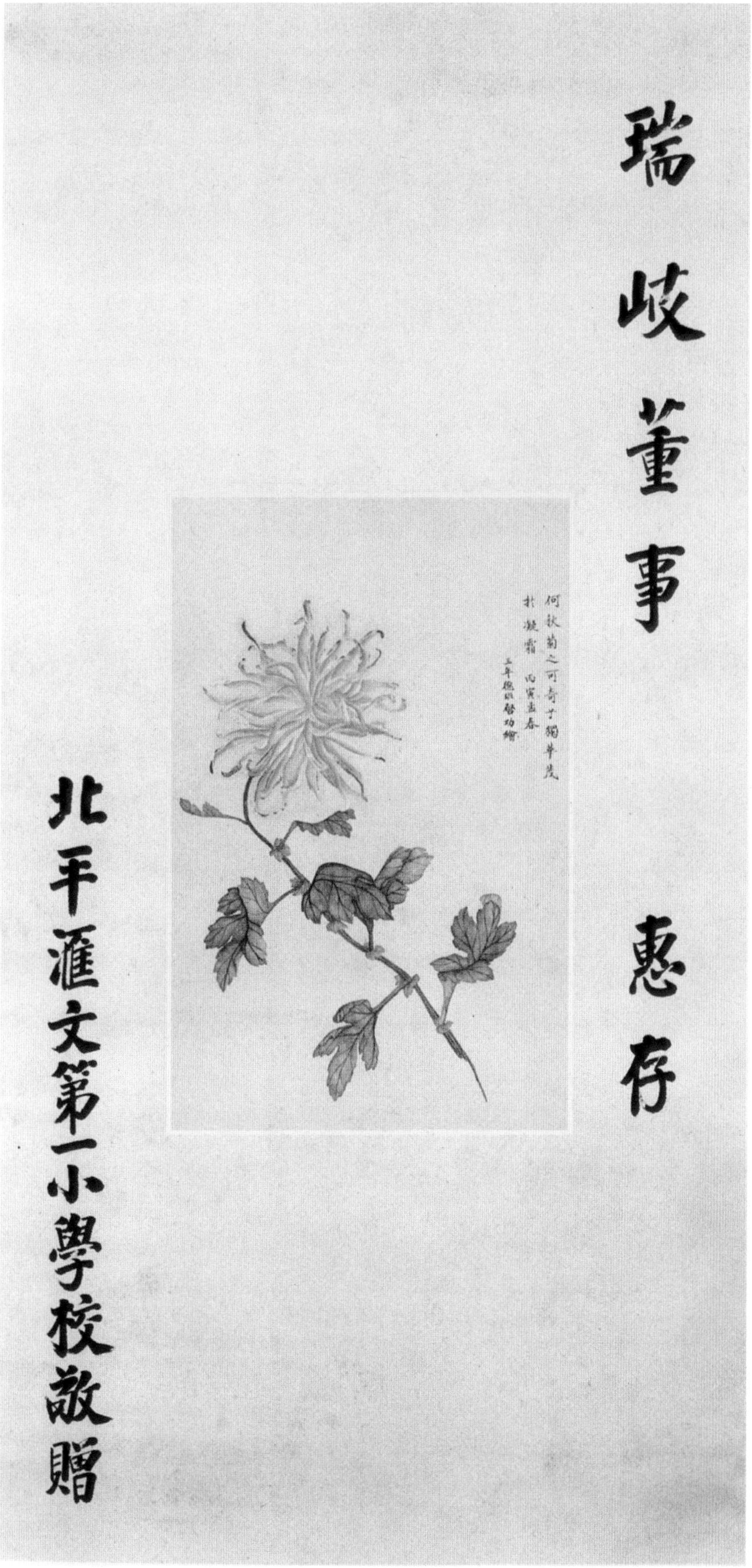
瑞岐董事惠存
北平滙文第一小學校敬贈

秋菊

一九二六年作　设色纸本　个人收藏

窺園圖
癸酉冬日寫似援菴世丈雅令
啟功元伯學

窥园图

一九三三年作　设色纸本　35cm×55cm　北京师范大学收藏

师元人山水

一九三五年作 设色纸本 131.5cm × 66.5cm 个人收藏

江南春

一九三九年　设色纸本　个人收藏

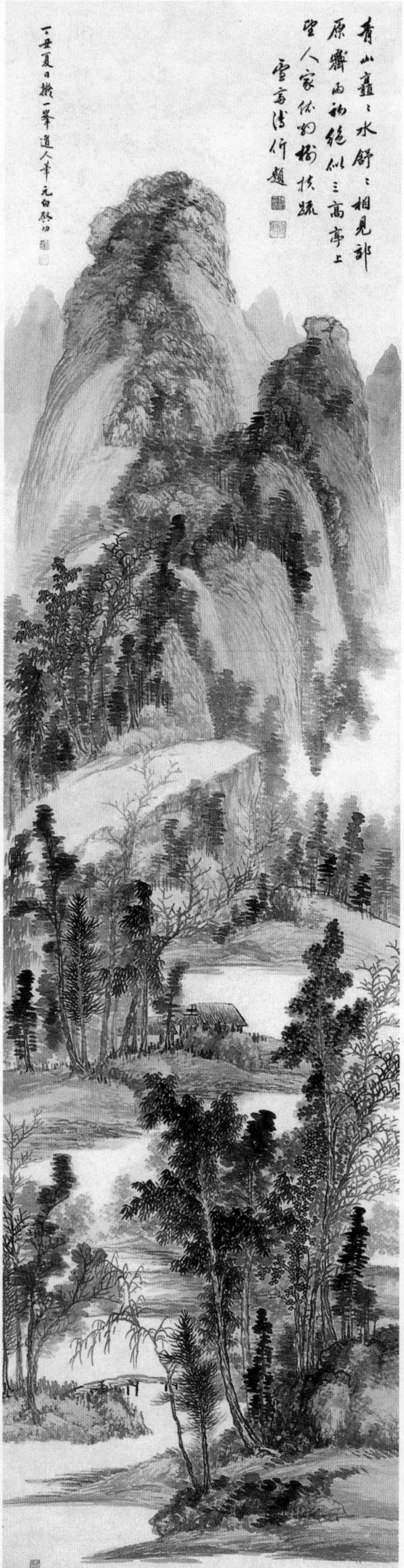
雪齋溥伒題
丁丑夏日擬一峯道人筆 元白啟功

山水四条屏

一九三七年作 设色纸本 242cm×61×4cm 荣宝斋收藏

湖水清光好放船与山依约
白鹤逝里周尘祠苍骚古
木荒烟一惘然 淳仲

悦澈设色云林小景
丁丑六月仿元人四帧似
云松太宇词文翦成
元白居钩写手缮家

略師黃鶴山人法
丁丑仲夏 啟功

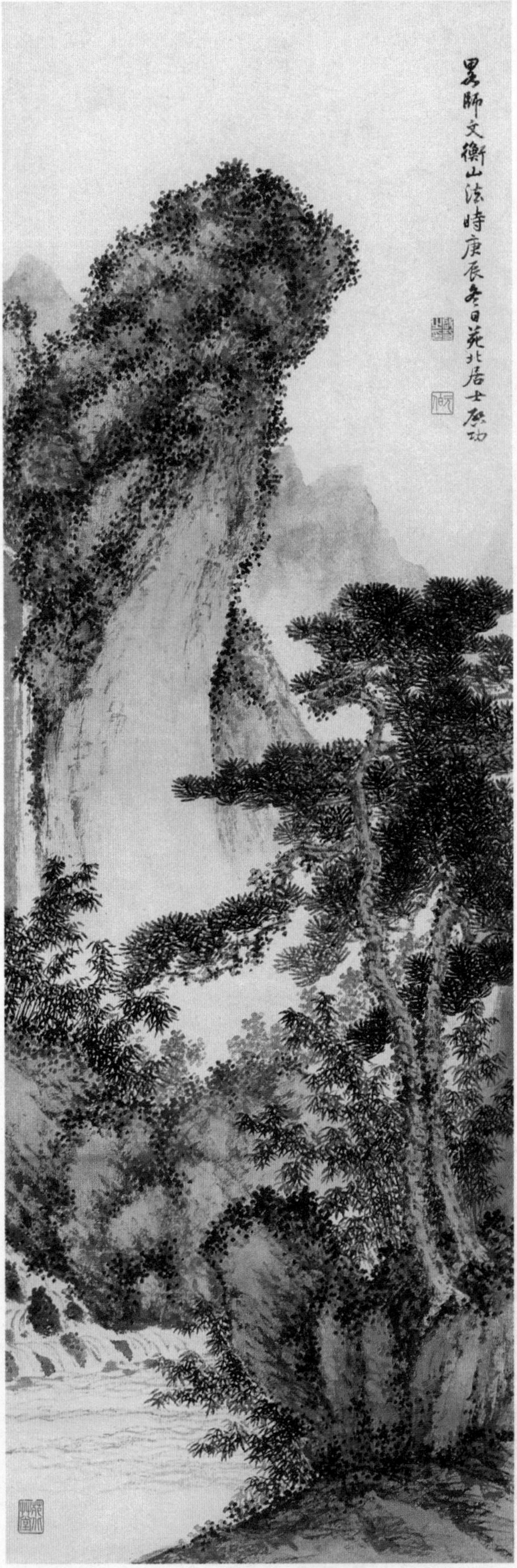
略师文衡山法时庚辰冬日苑北居士启功

略师文衡山法

一九四〇年作 设色纸本 个人收藏

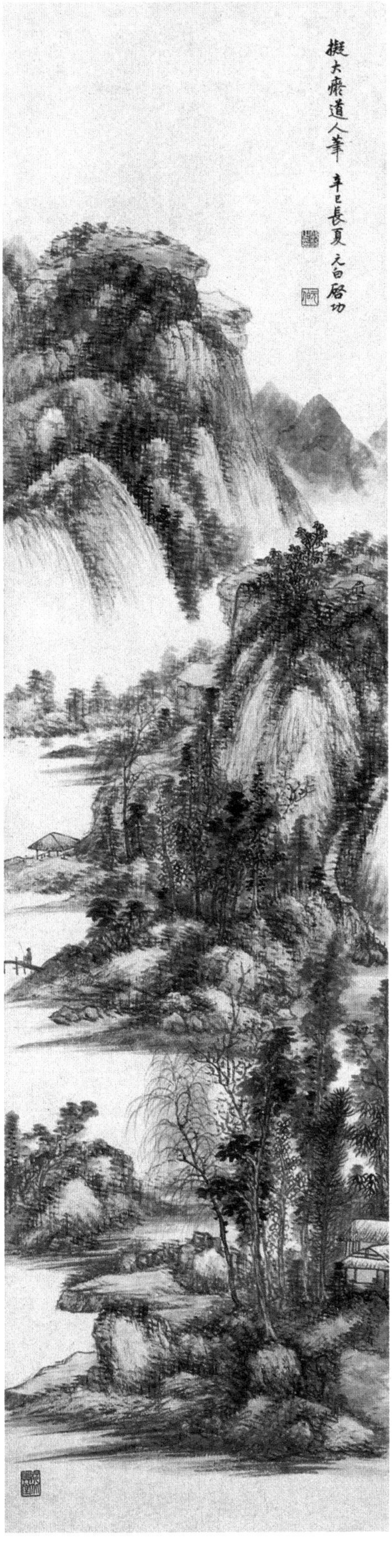

擬大癡道人筆 辛巳長夏 元白啓功

拟大痴道人笔

一九四一年作　设色纸本　178cm×43cm　个人收藏

藏园太世丈七十大庆

一九四一年作 设色纸本 个人收藏

梅花道人漁父圖卷神品
曾觀於思鶴菴中筆墨
高古沈文諸老猶難繼塵
〻惜師其意以能窺見萬
一哉 辛巳仲夏 啓功并記

背师梅花道人渔父图

一九四一年作 设色纸本 170cm×44cm 个人收藏

藏園校書圖
沅老太世丈古稀大慶寫此為壽時辛巳九秋啟功謹識

藏园校书图

一九四一年作　设色纸本　143cm × 497cm　国家图书馆藏

倣黄鶴山樵夏日山居圖法
辛巳六月 元白居士啓功作于蘭靖堂

仿黄鹤山樵夏日山居图法

一九四一年作 设色纸本 170cm×44cm 个人收藏

倪元鎮幽淡之趣惟
檀園孟陽能得之漸
江僅傳其枯瘁耳
辛巳夏 啓功寫

倪元镇幽淡之趣

一九四一年作　设色纸本　个人收藏

補桐養痾圖
鯉老世翁命畫
苑北啓功

补桐养痾图

一九四一年作　水墨纸本　个人收藏

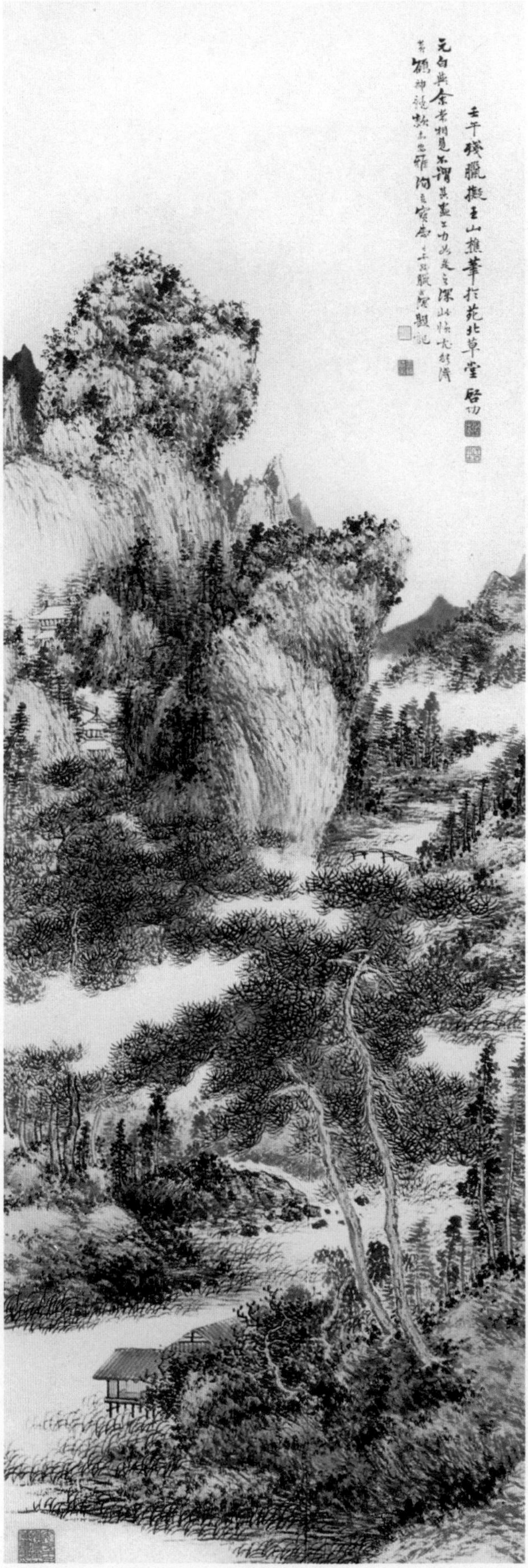
壬午殘臘擬王山樵筆於苑北草堂 啓功

拟王山樵山水

一九四二年作 设色纸本 个人收藏

西風吹散白鷗群秋色
平分碧海雲鴻雁不來
楓葉老夕陽亭上正思君
寶秋先生出佳楮命畫因
擬雲林子筆請正
癸未孟春　元白啟功

拟云林笔

一九四三年作　设色纸本　个人收藏

拟山樵笔

一九四三年　设色纸本　个人收藏

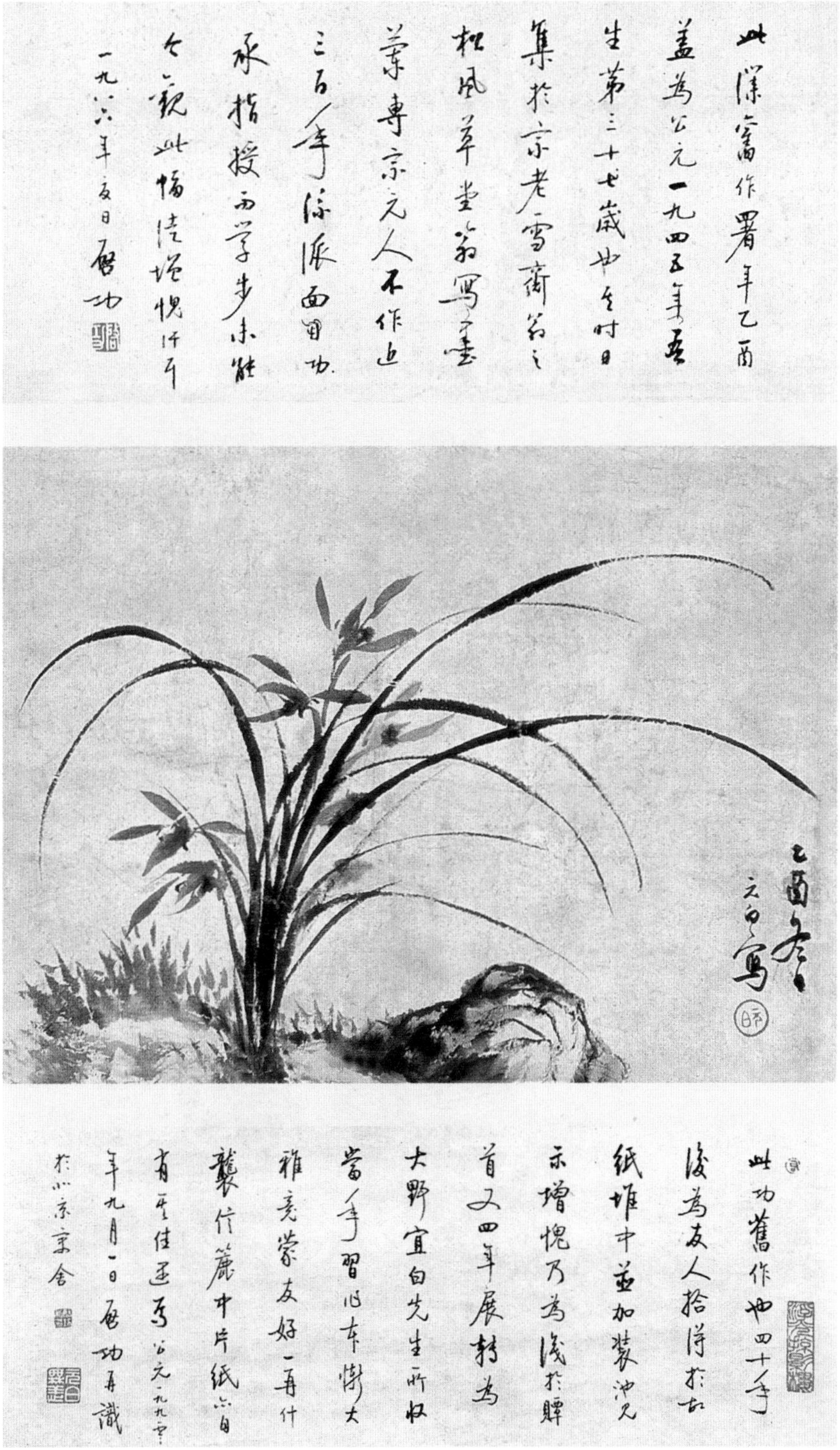

兰竹图

一九四五年作　水墨纸本　29cm×42cm　个人收藏

仿米家山

一九四五年作　设色纸本　个人收藏

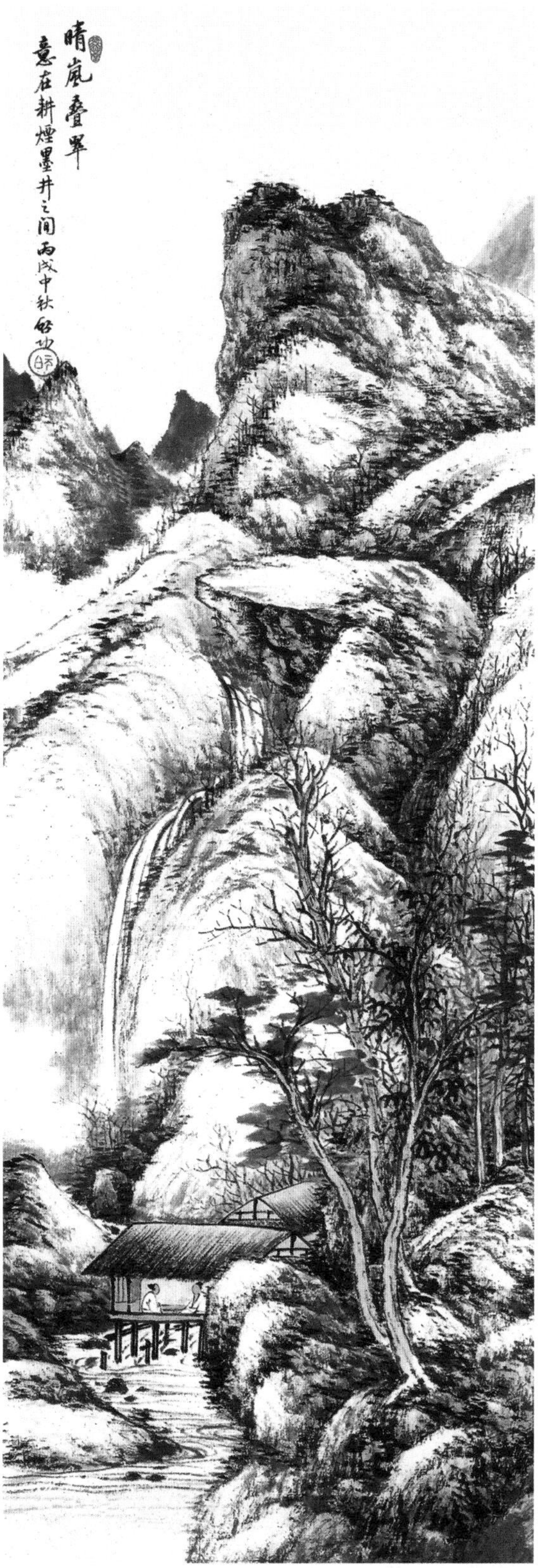
晴嵐叠翠
意在耕煙墨井之间 丙戌中秋 启功

晴岚叠翠

一九四六年作　设色纸本　97cm×31cm　个人收藏

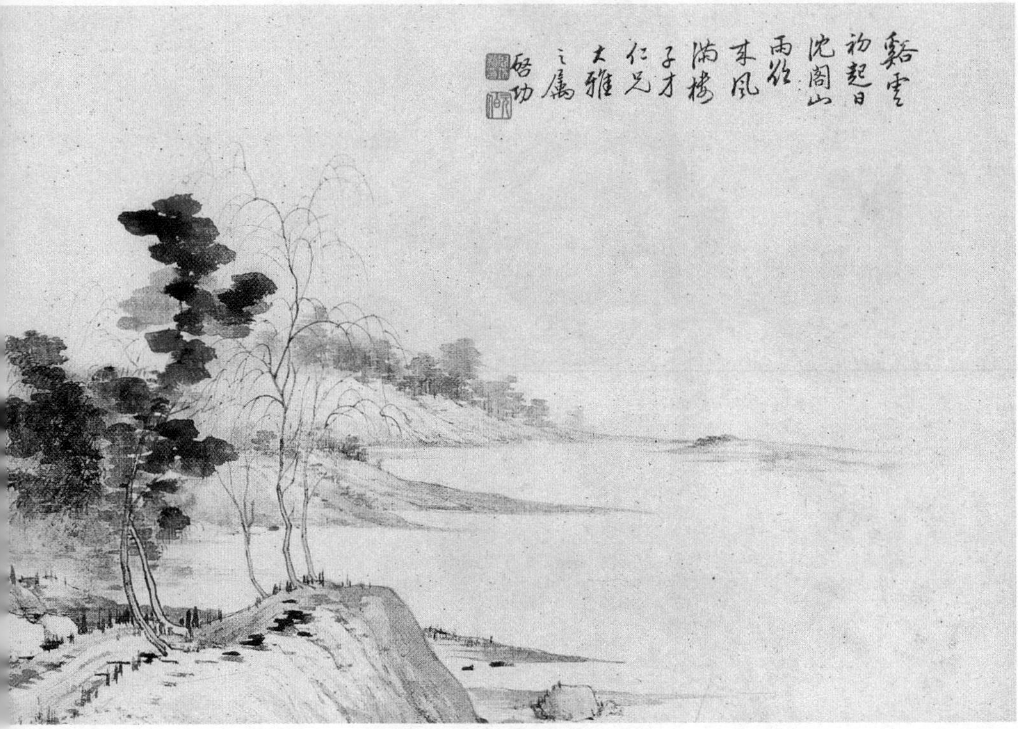
谿云初起日沉阁，山雨欲来风满楼。子才仁兄大雅之属 启功

山雨欲来

一九四〇年作 设色纸本 个人收藏

古木寒禽

一九四六年作　设色纸本　135cm×68cm　个人收藏

兰竹图

一九四七年作 设色纸本 103cm×37cm 个人收藏

松亭图

一九四七年作　设色纸本　30cm × 29cm　个人收藏

山水

一九四七年作　设色纸本　31cm×42cm　个人收藏

王维诗意

一九四七年作　设色纸本　95cm×31cm　个人收藏

高岭嵯峨曲涧幽

约二十世纪四十年代作　设色纸本　128cm×30cm　个人收藏

拟元人法

一九四七年作 设色纸本 96cm×31cm 个人收藏

拟元人笔意

一九四七年作　设色纸本　104cm×41cm　个人收藏

墨荷

一九四七年作　设色纸本　95cm×32cm　个人收藏

三十六陂人未到水佩風裳無數
丁亥冬日用照賢法雅之筆寫白石詞意 啟功

荷花

一九四七年作 设色纸本 75cm×38cm 个人收藏

落木风萧瑟

一九四七年作　设色纸本　140cm×45cm　个人收藏

山水散人

一九四七年作　设色纸本　96cm×31cm　个人收藏

拟董思翁法

一九四七年作 设色纸本 169cm × 55cm 个人收藏

临思翁山水

一九四八年作　设色纸本　95cm×32cm　个人收藏

竹石图

一九四八年作　水墨纸本　65cm × 42cm　北京师范大学收藏

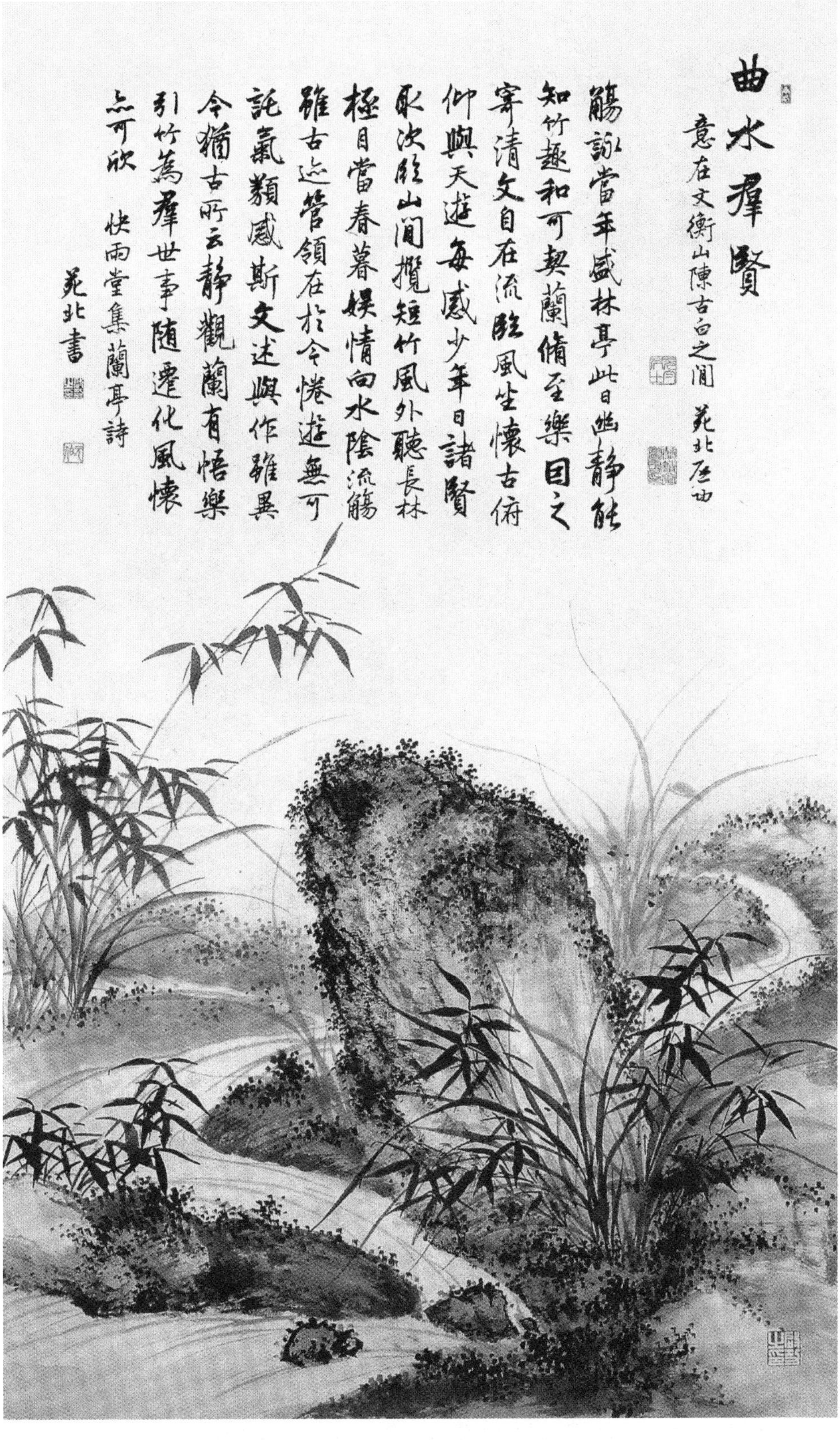

曲水群贤

约二十世纪四十年代作　设色纸本　96cm × 58cm　个人收藏

拟雪个笔

约二十世纪四十年代作 设色纸本 127cm×63cm 个人收藏

鸿雁归时水拍天

约二十世纪四十年代作　设色纸本　113cm×37cm　个人收藏

红树秋山

约二十世纪四十年代作 设色纸本 98cm×33.5cm 个人收藏

戏效明人小景

约二十世纪四十年代作　设色纸本　54cm × 32cm　个人收藏

云山萧寺

约二十世纪四十年代作　设色纸本　个人收藏

米家笔意

二十世纪四十年代作　设色纸本　个人收藏

闲舟图

约二十世纪四十年代作 设色纸本 个人收藏

山涧独坐

约二十世纪四十年代作　设色纸本　48cm × 54cm　个人收藏

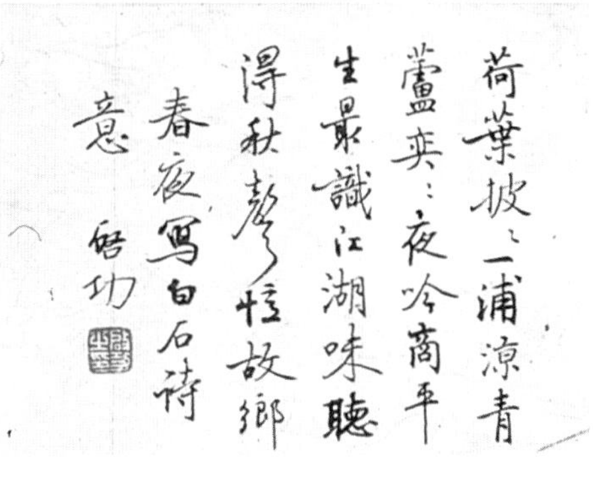
荷葉披〻一浦涼青
蘆奕〻夜吟商平
生最識江湖味聽
得秋聲憶故鄉
春夜寫白石詩
意 啓功

白石诗意

约二十世纪四十年代作　设色绢本　个人收藏

秋江帆影

约二十世纪四十年代作　设色纸本　48cm × 54cm　个人收藏

旭日东升

二十世纪五十年代作　设色纸本　27cm × 25cm　毛主席纪念堂藏

雲峰石迹共模糊曾見敷文得意圖盘龍輞
川君記取筆端青靄入看無 庚寅夏日雨窗寫
元白居士啓功并題

云峰石迹图

一九五〇年作　水墨纸本　个人收藏

少陵诗意图

一九五四年作　设色纸本　个人收藏

师米家山水

一九五四年作　设色纸本　个人收藏

松泉图

一九七四年作　水墨纸本　43cm × 55cm　个人收藏

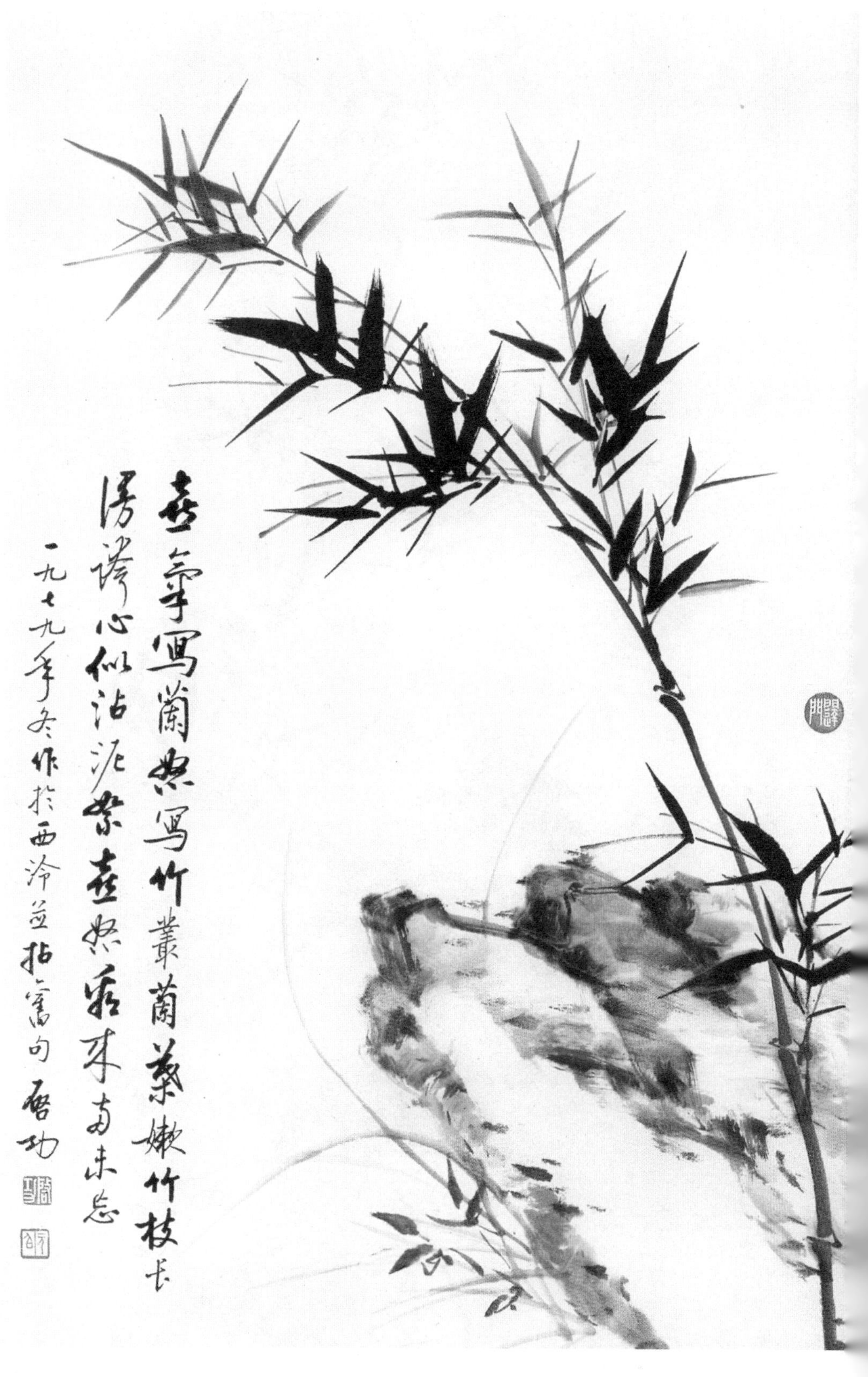
喜气写兰怒写竹 丛兰叶嫩竹枝长
启功

喜气写兰怒写竹

一九七九年作　水墨纸本　64cm × 41cm　个人收藏

竹石幽兰

一九七八年作 设色纸本 64cm×30cm 个人收藏

野渡横舟

一九七九年作　设色纸本　75cm×34cm　个人收藏

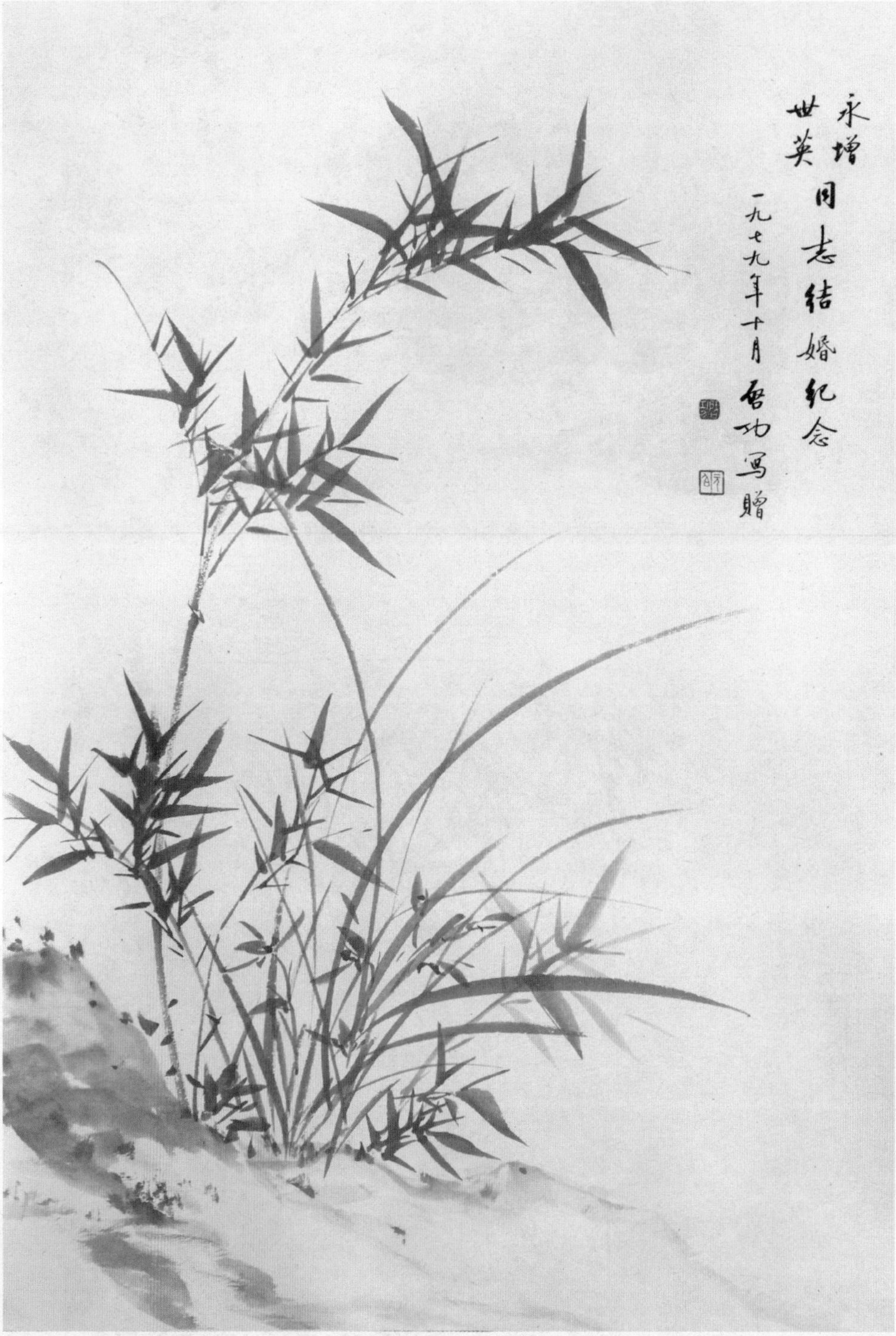

朱竹喜庆

一九七九年作 朱笔纸本 个人收藏

竹浓兰淡

一九七九年作　水墨纸本　个人收藏

竹石图

一九七九年作　设色纸本　104cm×34cm　个人收藏

朱笔兰花

二十世纪七十年代作　朱笔纸本　132cm × 79cm　积翠园博物馆收藏

只研朱
墨作春
山鲁迅句
景揚同志
正之 启功

只研朱墨作春山

二十世纪七十年代作　设色纸本　21cm×32cm　个人收藏

朱竹青石图

一九八〇年作 设色纸本 个人收藏

竹石并立图

一九八〇年作　设色纸本　69cm × 45cm　个人收藏

红梅

一九八〇年作 设色纸本 81cm×33cm 个人收藏

石榴

一九八一年作　设色纸本　69cm × 45cm　个人收藏

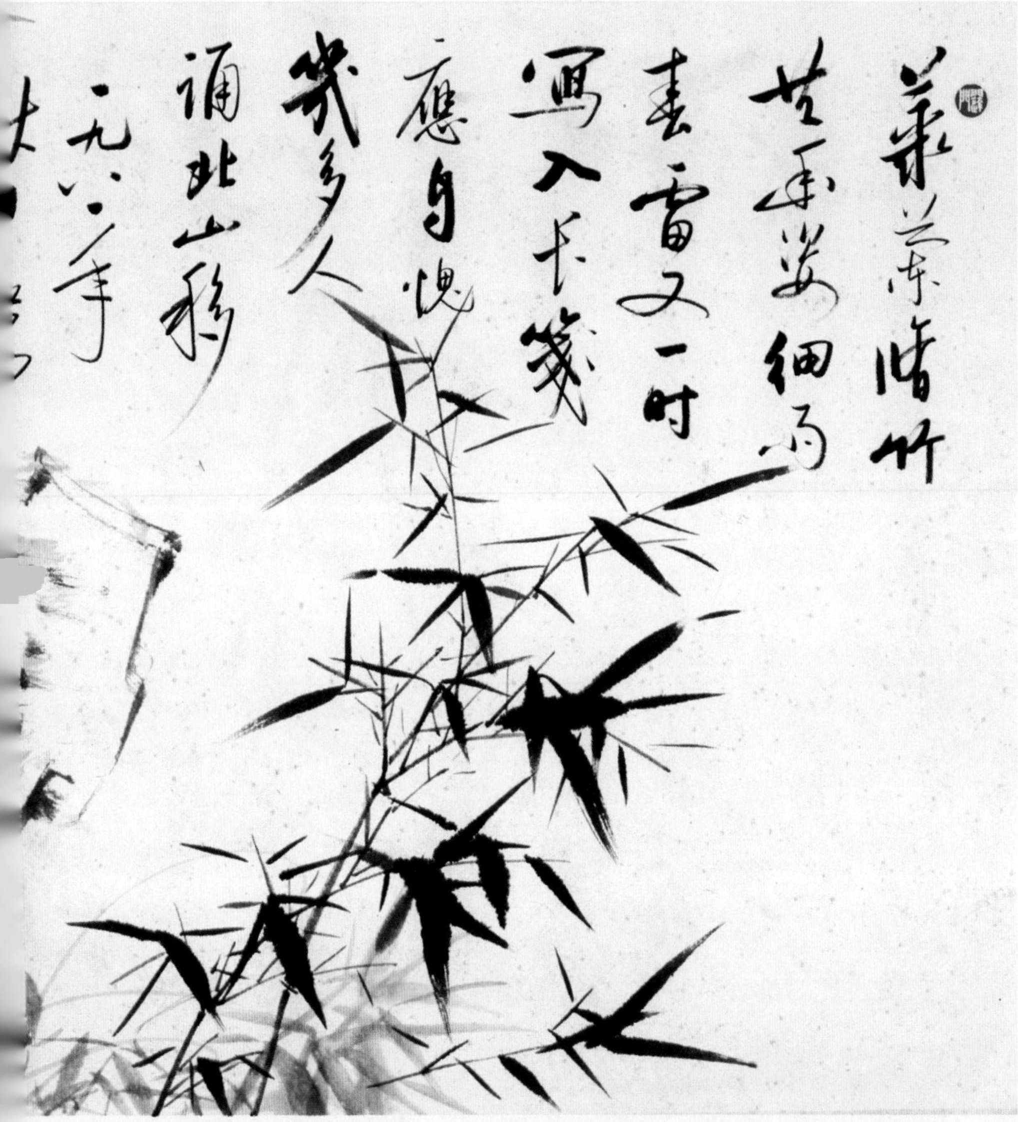

丛兰修竹

一九八一年作　设色纸本　131cm × 60cm　个人收藏

新竹

一九八一年作　设色纸本　69cm×45cm　个人收藏

朱竹墨石图

一九八一年作　设色纸本　24cm × 27cm　个人收藏

红竹绿兰图

一九八一年作 设色纸本 69cm×45cm 个人收藏

朱竹

一九八一年作　设色纸本　60cm×42cm　个人收藏

蒲桃

一九八一年作　设色纸本　67cm × 124cm　全国政协收藏

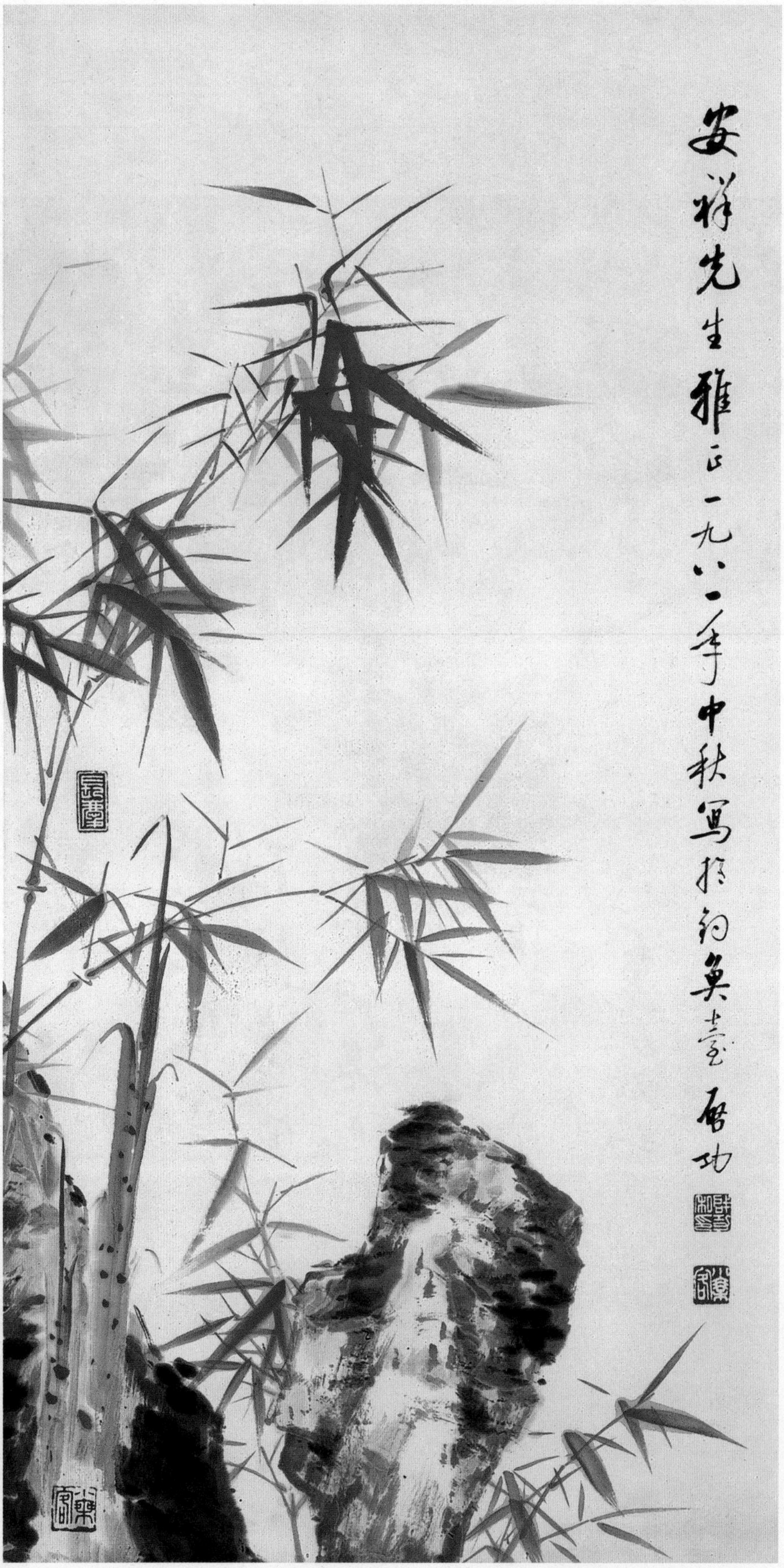
安祥先生雅正一九八一年中秋写於钓鱼台
启功

安详竹石图

一九八一年作 设色纸本 100cm×48cm 个人收藏

细竹巨石图

一九八二年作　设色纸本　32cm×41cm　个人收藏

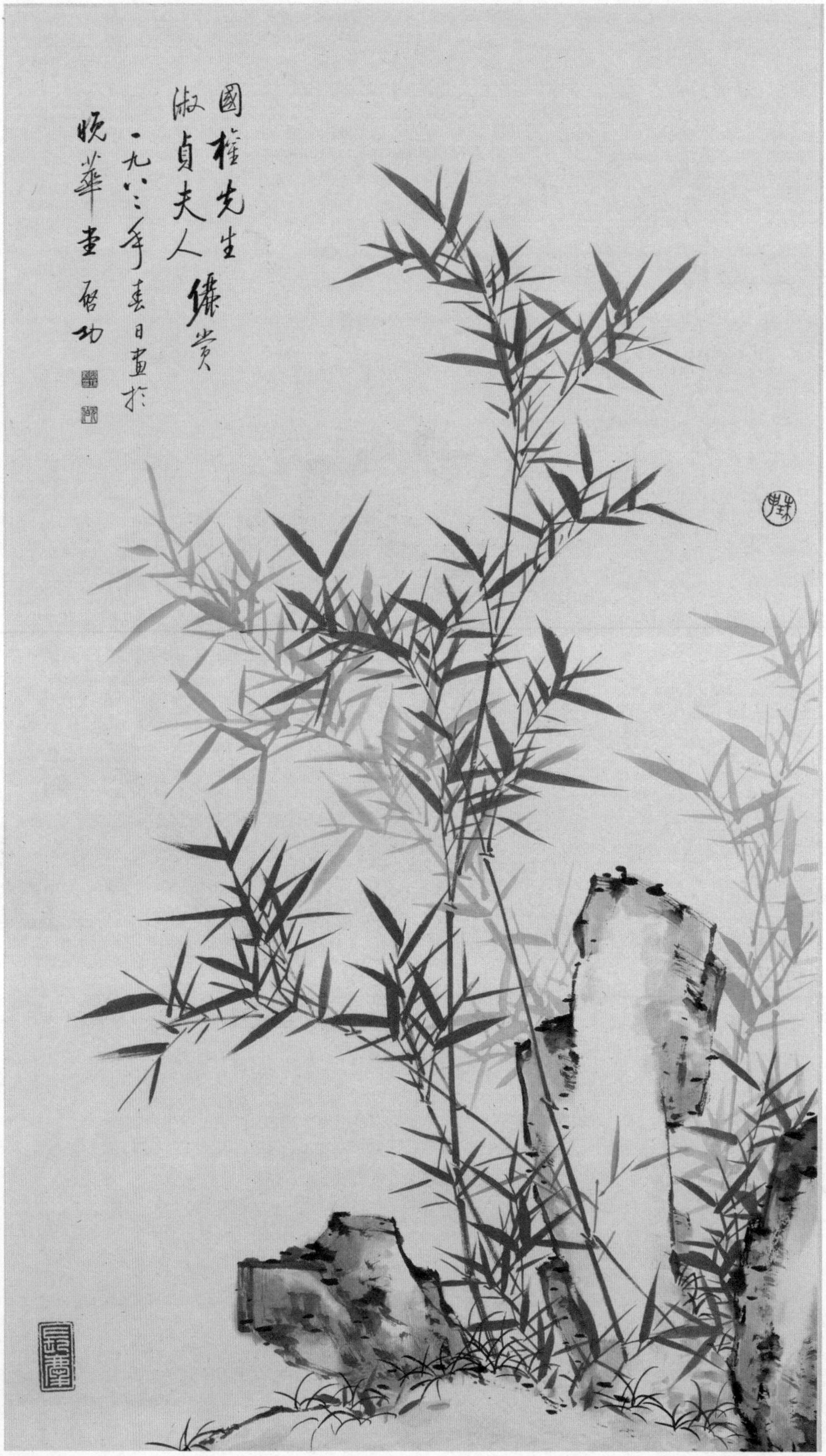

晚华竹石图

一九八二年作　设色纸本　个人收藏

怪石临流水

一九八二年作　设色纸本　127cm×70cm　个人收藏

红梅图

一九八二年作 设色纸本 101cm×52cm 个人收藏

浓春

一九八二年作　设色纸本　43cm × 55cm　个人收藏

洒金竹石图

一九八二年作 设色纸本 90cm×30cm 个人收藏

水墨竹石图

一九八二年作　设色纸本　28cm × 40cm　个人收藏

胸中水镜清

一九八二年作　设色纸本　43cm × 55cm　个人收藏

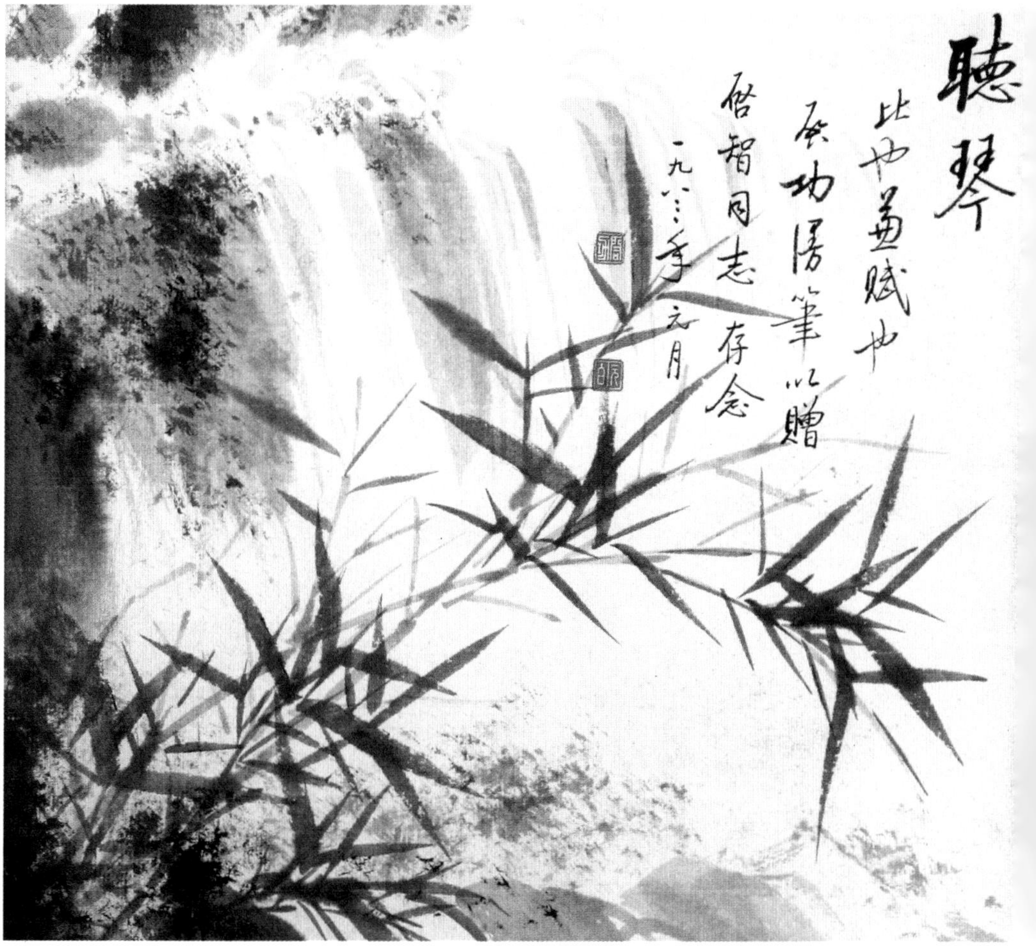

听琴

一九八三年作　设色纸本　23cm×26cm　个人收藏

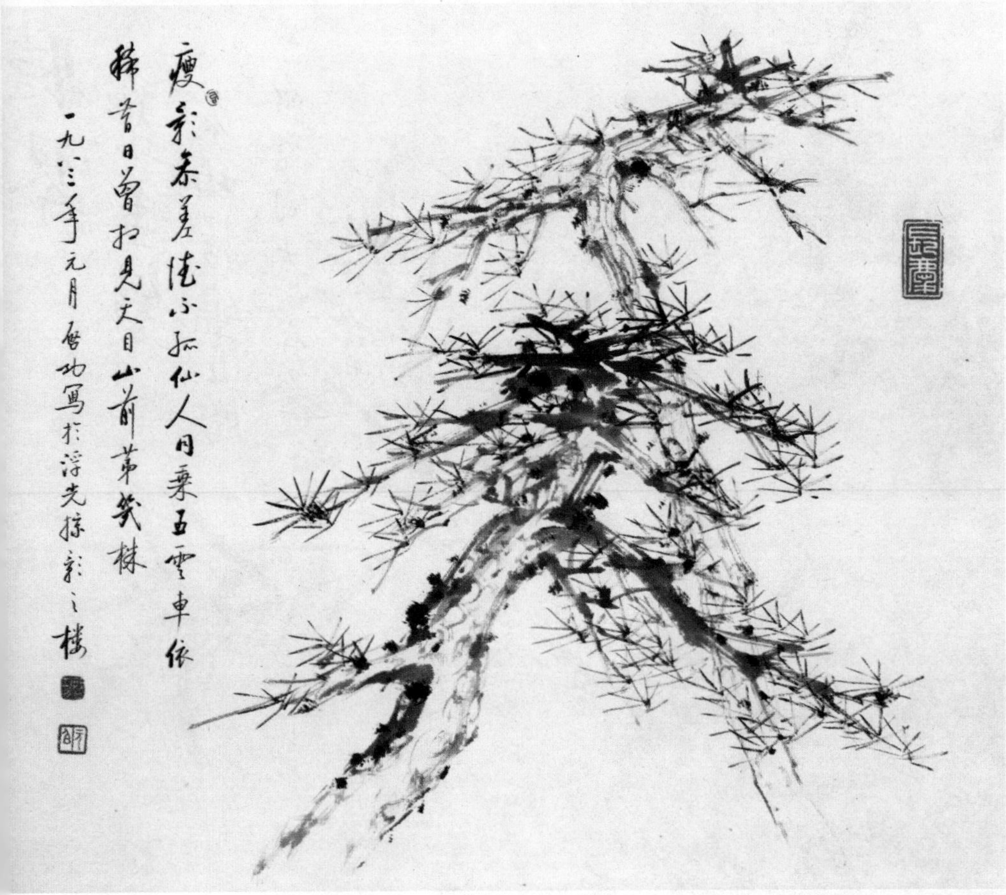

瘦影参差

一九八三年作　水墨纸本　个人收藏

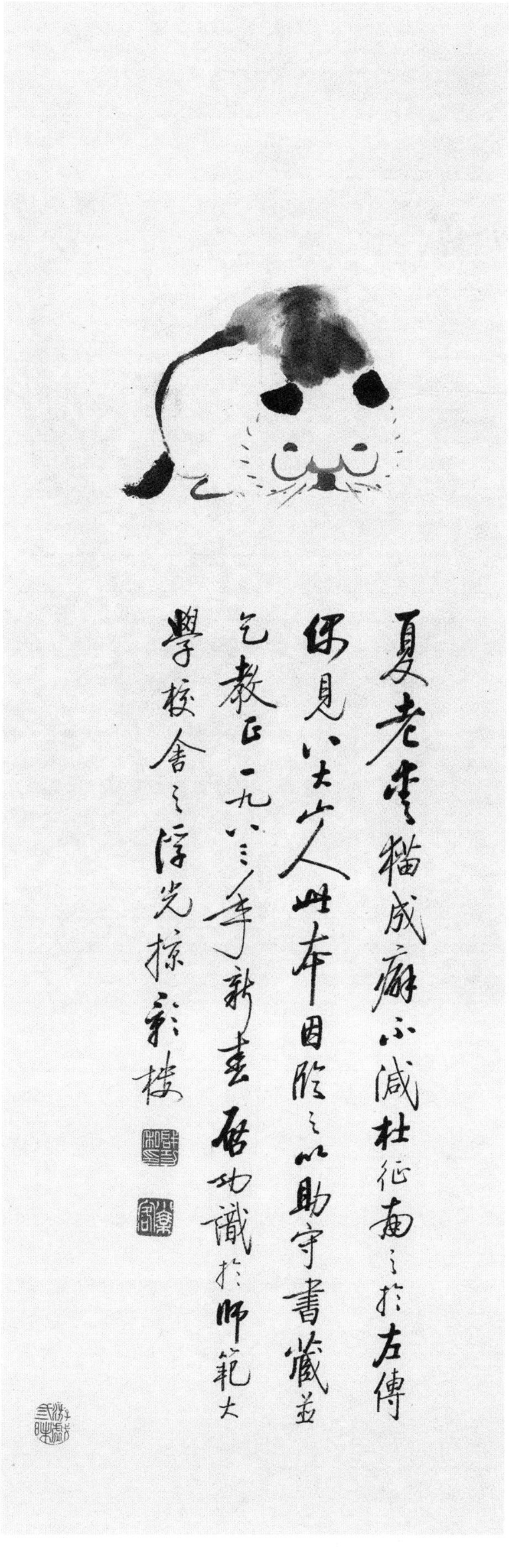
夏老愛猫成癖不減杜征南之於左傳
偶見八大山人此本因臨之以助守書藏並
乞教正一九八三年新春啟功識於師範大
學校舍之浮光掠影樓

夏老爱猫

一九八三年作　水墨纸本　个人收藏

铁网珊瑚

一九八三年作　设色纸本　45cm × 53cm　个人收藏

松泉高士图（合作）

一九八三年作　设色纸本　130cm × 81cm　个人收藏

竹石二友

一九八三年作 设色纸本 25cm × 27cm 个人收藏

雙松堂々倚竹蒼々齊眉々壽水永山長
靜文
秋帆先生健康長壽一九八三年春啓功寫祝

双松堂堂

一九八三年作　设色纸本　80cm × 64cm　个人收藏

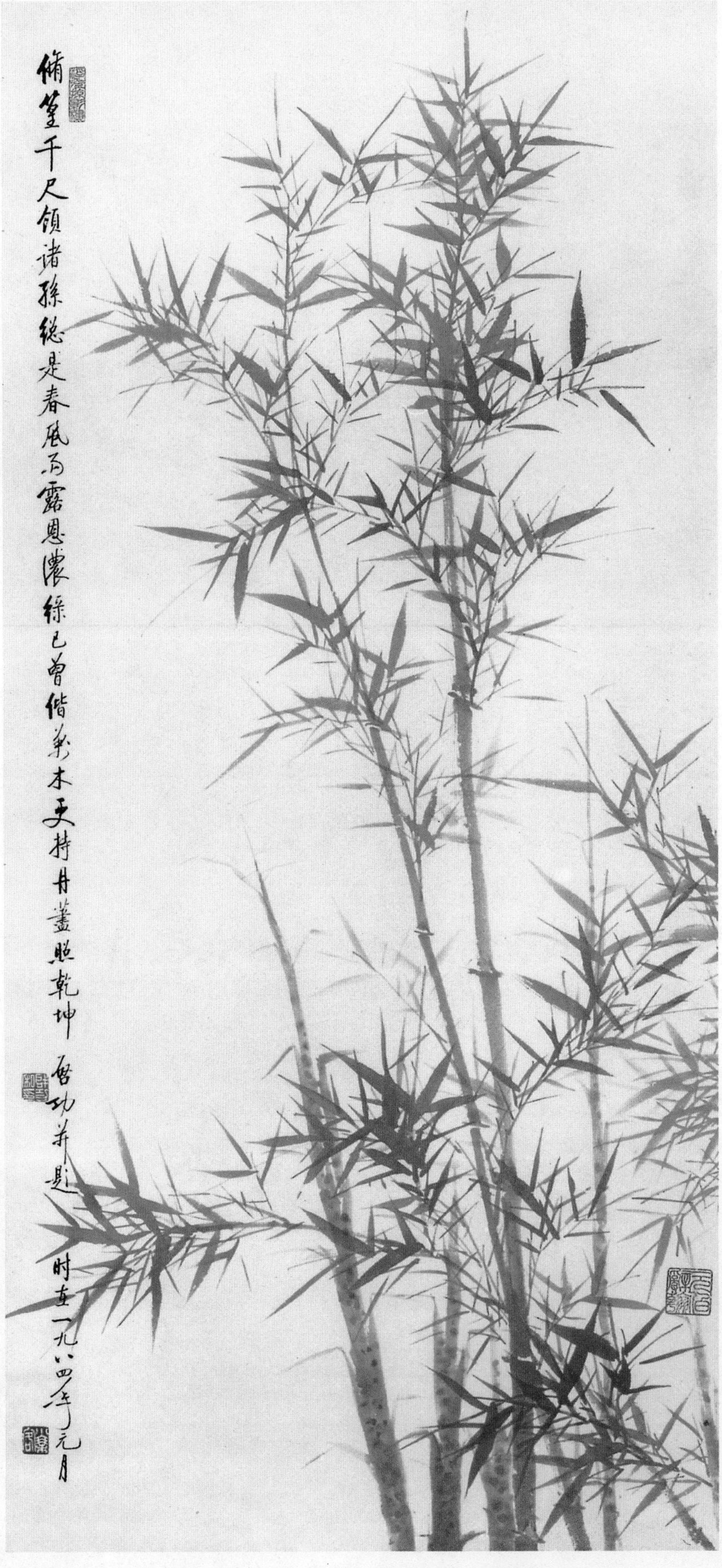
脩篁千尺領諸孫總是春風雨露恩濃綠已曾偕彩木更持丹蓋照乾坤
啓功并題
時在一九八四年元月

修篁千尺

一九八四年作 设色纸本 138cm×70cm 个人收藏

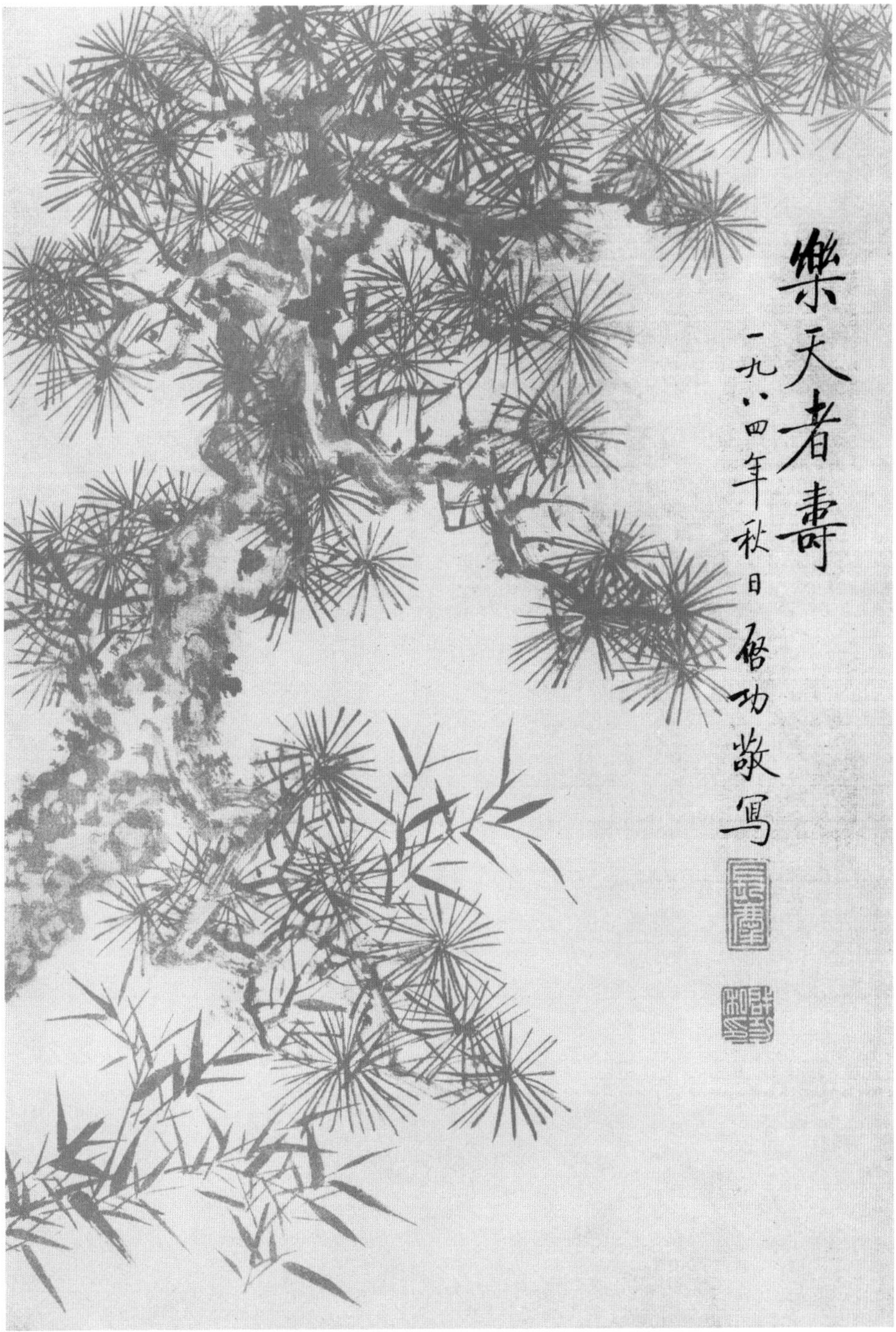
樂天者壽
一九八四年秋日 啓功敬寫

乐天者寿

一九八四年作　朱笔纸本　57cm×40cm　个人收藏

绿竹红石

一九八四年作　设色纸本　69cm×45cm　个人收藏

翠竹

一九八四年作 设色纸本 69cm×45cm 个人收藏

奉為
第一屆教師節紀念

第一届教师节纪念

一九八五年作　设色纸本　72cm × 415cm　北京师范大学收藏

修竹新笋

一九八五年作　设色纸本　96cm × 49cm　个人收藏

竹石小品

一九八六年作　设色纸本　64cm × 45cm　个人收藏

從来造
化本無私喜
見松蒼竹茂時
挹雪凌陽嘉蔭
遠好培脩篁
长新枝
啓功
并题

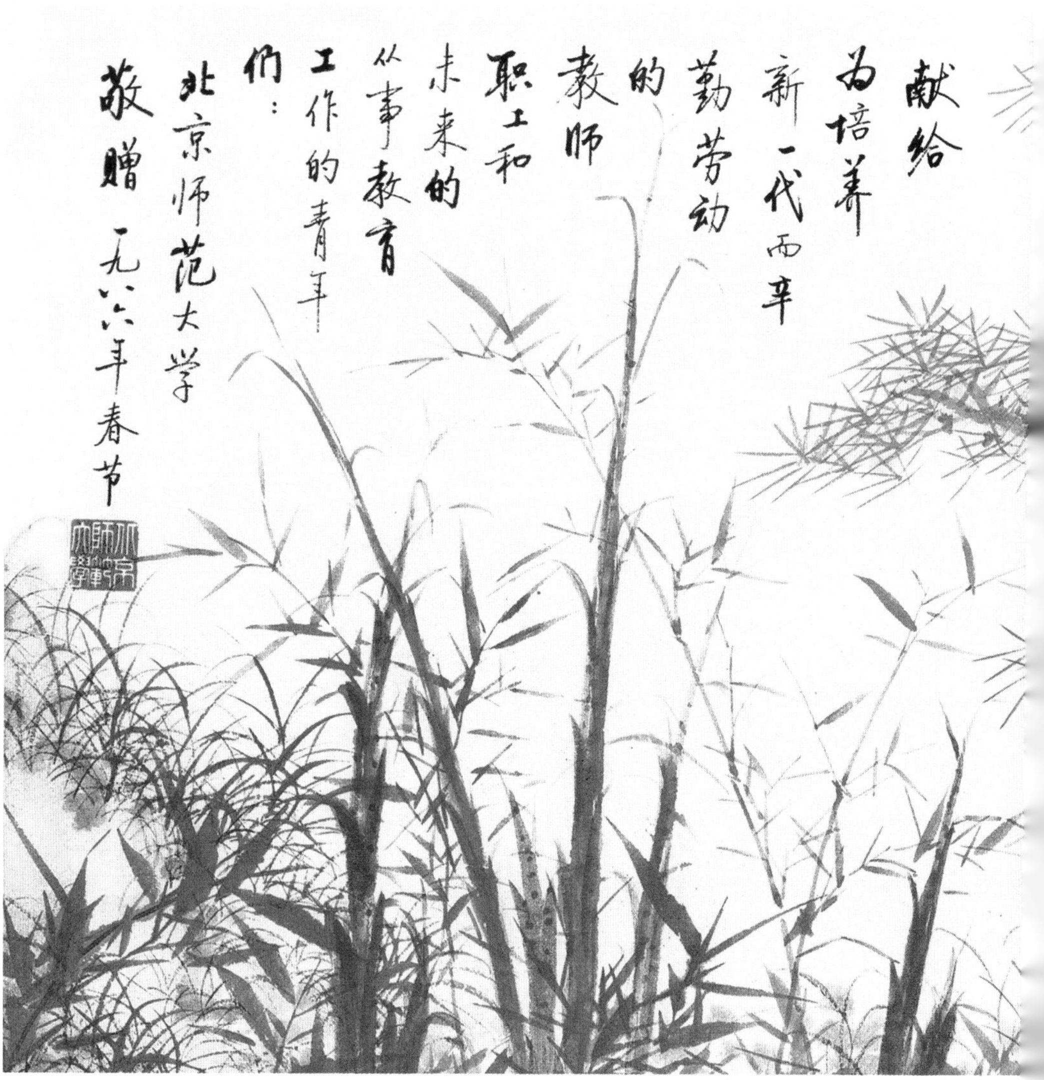
献给
为培养新一代而辛勤劳动的教师职工和未来的从事教育工作的青年们：
北京师范大学
敬赠 一九八六年春节

苍松茂竹图

一九八六年作　设色纸本　64cm × 132cm　北京师范大学收藏

松竹图

一九八六年作 设色纸本 178cm×87cm 个人收藏

红竹图

一九八六年作　设色纸本　69cm × 45cm　个人收藏

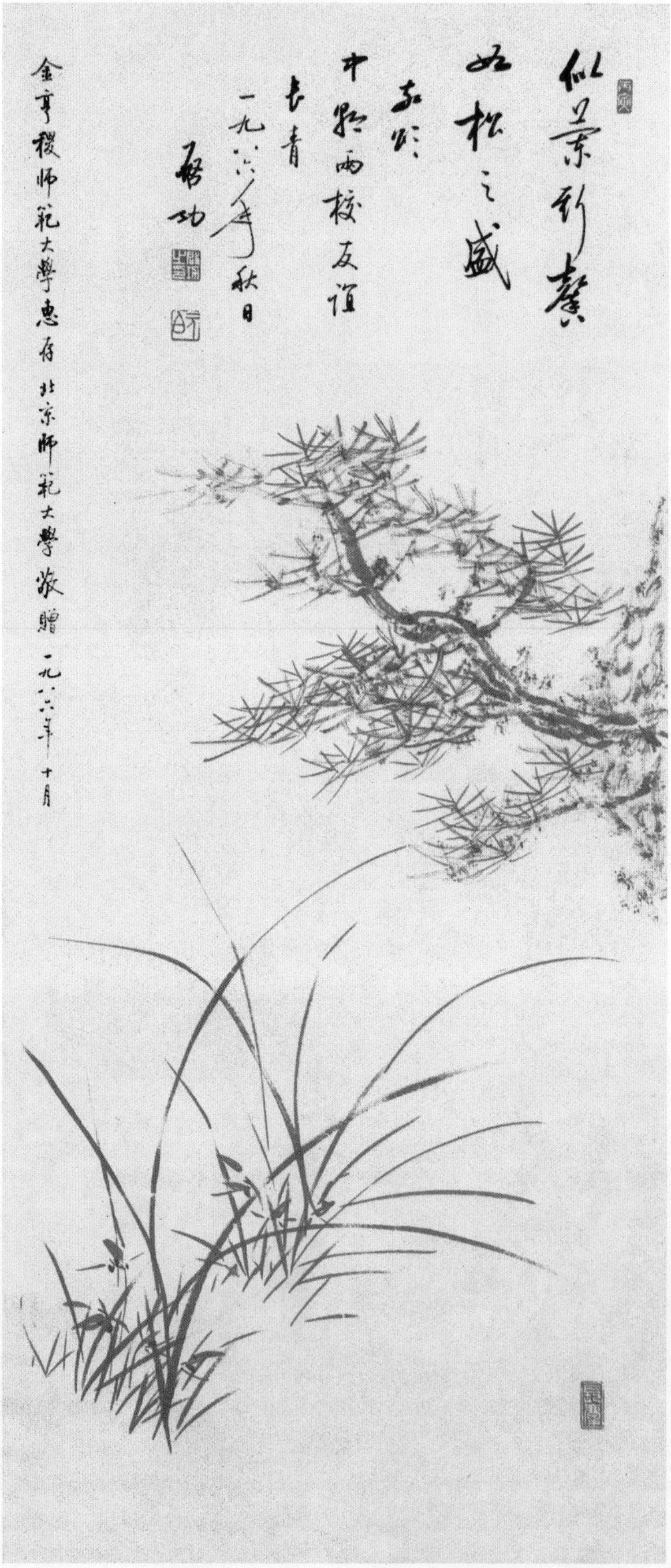
似兰斯馨
如松之盛
中朝两校友谊
长青
一九八六年秋日
启功
金亨稷师範大學惠存 北京師範大學敬贈 一九八六年十月

兰松图

一九八六年作 设色纸本 130cm×60.2cm 朝鲜金亨稷师范大学收藏

凌风

一九八七年作　设色纸本　25cm × 21cm　个人收藏

石竹图

一九八七年作　设色纸本　69cm×45cm　个人收藏

江上清风

一九八七年作　设色纸本　88cm × 114cm　个人收藏

承露

一九八八年作　设色纸本　64cm×42cm　个人收藏

新竹图

一九八八年作　设色纸本　60cm × 39cm　个人收藏

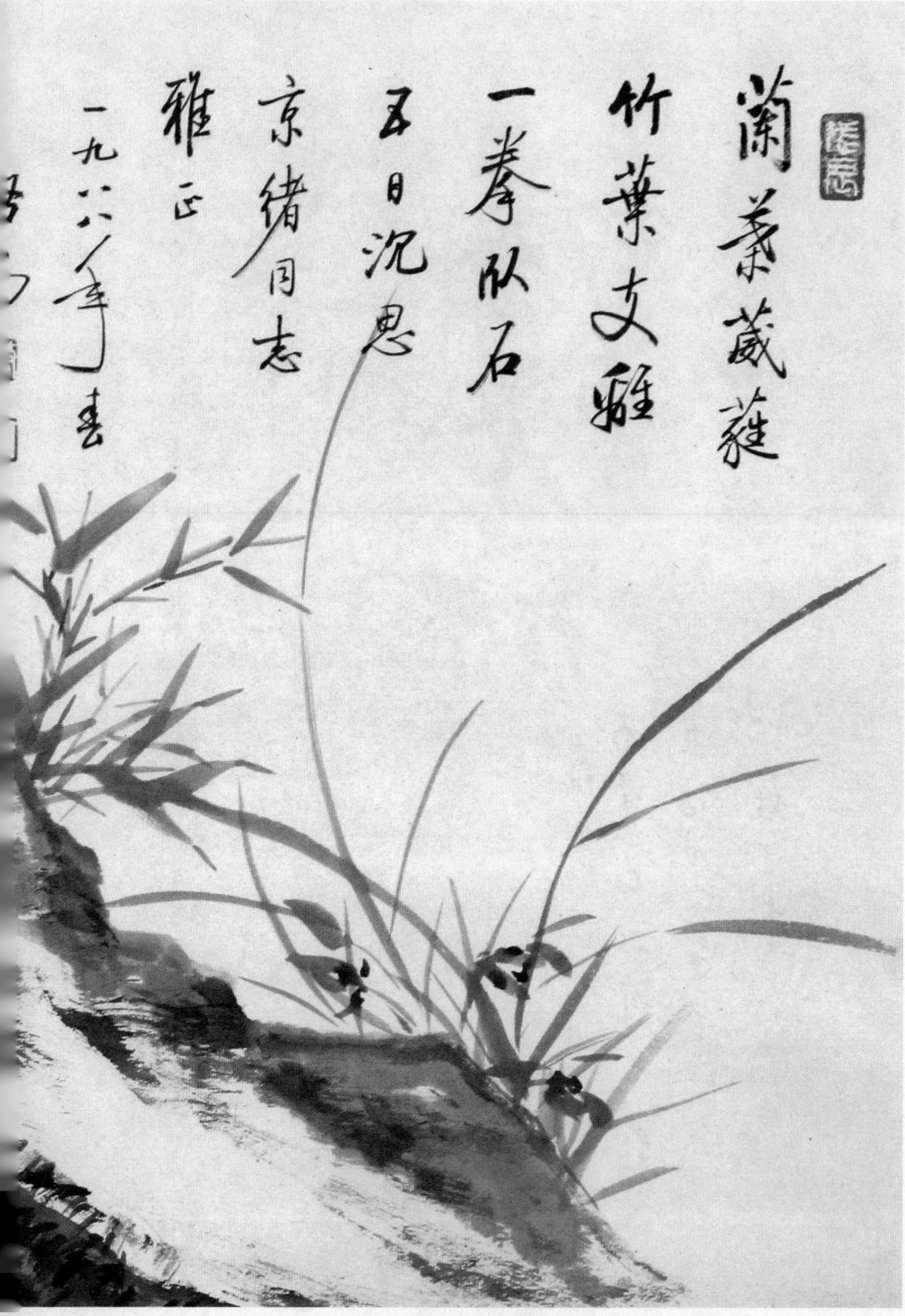
蘭叢葳蕤
竹葉支離
一拳臥石
五日沉思
京緒同志
雅正
一九六八年

兰竹

一九八八年作　设色纸本　43cm × 66cm　个人收藏

似曾相识

一九八八年作　设色纸本　43cm×55cm　个人收藏

松柏遐龄

一九八九年作　设色纸本　个人收藏

雾竹

一九八九年作 设色纸本 112.6cm×50.3cm 个人收藏

竹石图（未完成）

一九八九年作　设色纸本　97cm×46cm　个人收藏

水竹

一九八九年作　设色纸本　63cm × 126cm　个人收藏

竹澹兰馨

一九八九年作　设色纸本　35cm × 50cm　个人收藏

兰竹图（未完成）

一九八九年作 设色纸本 97cm × 46cm 个人收藏

竹石兰（未完成）

一九八九年作　设色纸本　个人收藏

竹石幽兰

一九八九年作 设色纸本 135cm×55cm 个人收藏

枯木竹石（未完成）

一九八九年作　设色纸本　97cm×46cm　个人收藏

玉竹蔦柯立歲闌榮榮芳蕙助春
歡問余借得誰家稿請向元人卷
裏看　公元一九八九年四月　堅淨翁啓功

枯木竹石

一九八九年作　设色纸本　97cm×46cm　个人收藏

意在香光珂雪之间

一九八九年作　设色纸本　138cm×69cm　个人收藏

秋山

一九八九年作　设色纸本　138cm×69cm　个人收藏

水墨云山

一九八九年作　水墨纸本　138cm × 69cm　个人收藏

蒲桃

一九八九年作 设色纸本 138cm×69cm 个人收藏

荷花（未完成）

一九八九年作　设色纸本　138cm×69cm　个人收藏

长松图（未完成）

一九八九年作 设色纸本 138cm×69cm 个人收藏

冬梅（未完成）

一九八九年作　设色纸本　94.7cm×33.5cm　个人收藏

山水（未完成）

一九八九年作　水墨纸本　69cm × 138cm　个人收藏

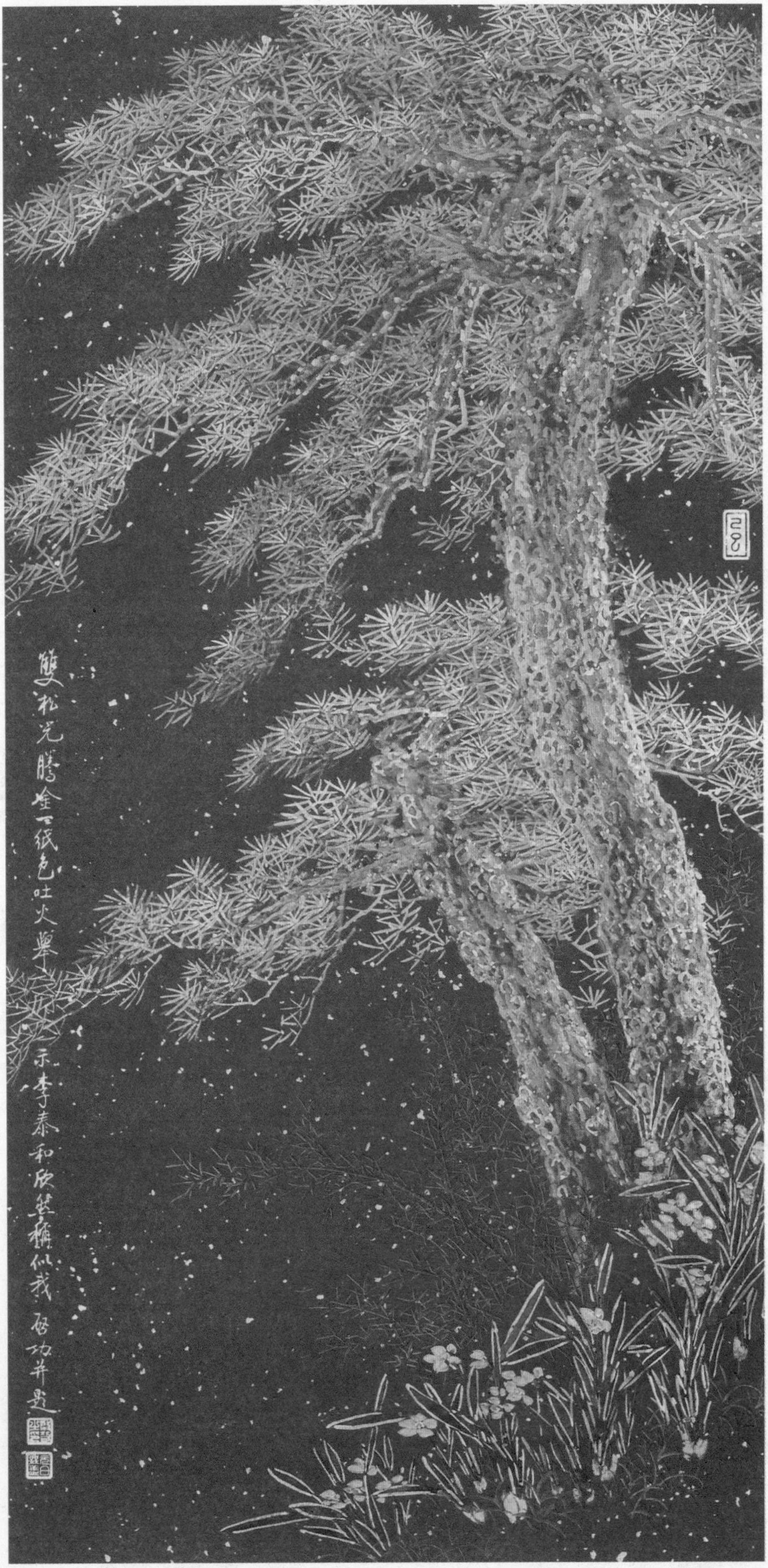

双松图

一九八九年作 设色纸本 138cm×69cm 个人收藏

水国墨生涯

一九八九年作　设色纸本　138cm×69cm　个人收藏

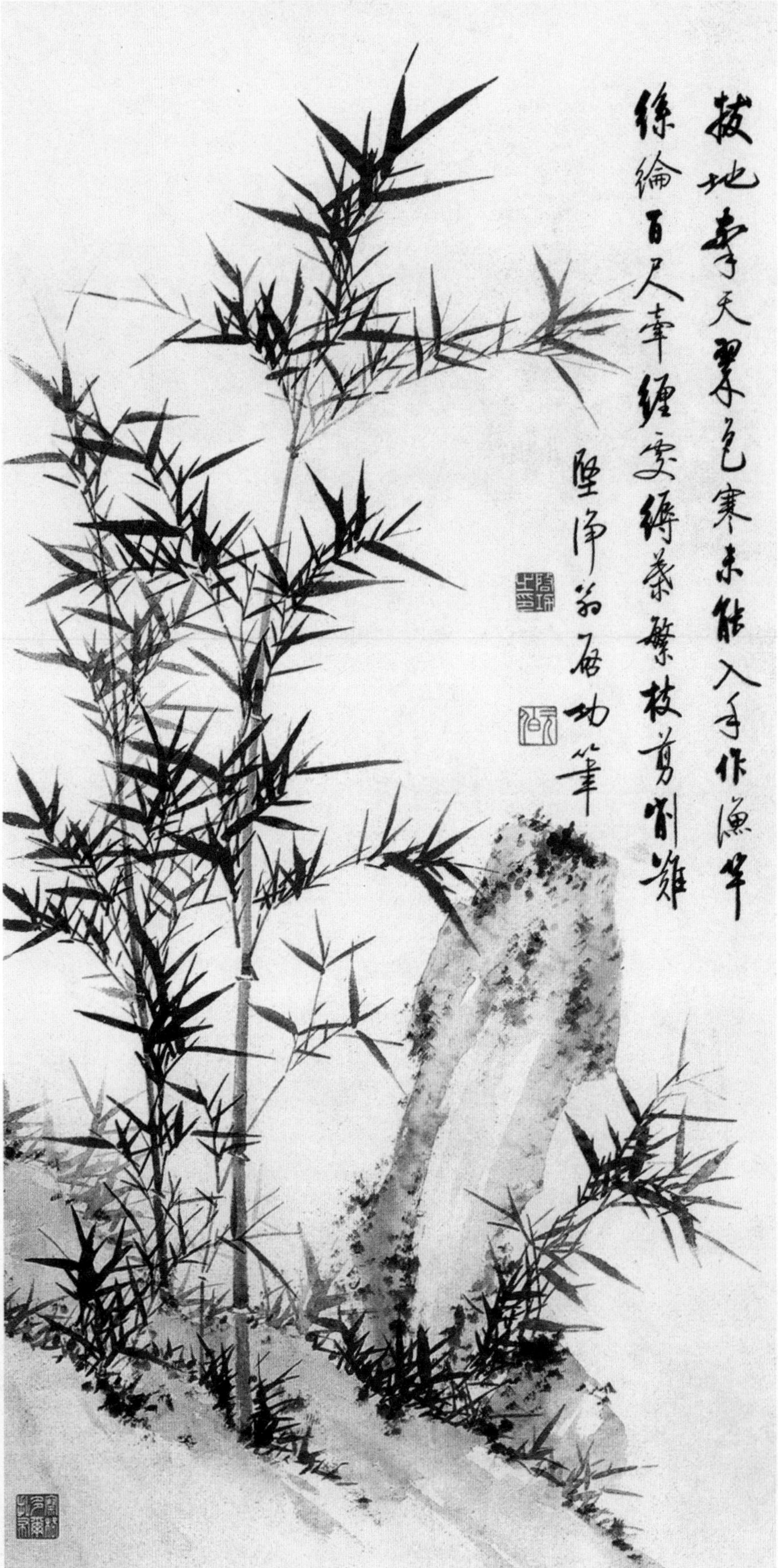

拔地擎天

一九八九年作　设色纸本　138cm×69cm　个人收藏

蕉竹图

一九八九年作　设色纸本　138cm×69cm　个人收藏

郁郁长松

一九八九年作 设色纸本 138cm×69cm 个人收藏

歲轉長郊草木青雨餘蘭蕙發奇馨
问余何事研朱写晓色临窗几案晴
公元一九八九年岁次己巳春仲偶笔 启功

雨馀兰蕙

一九八九年作　设色纸本　138cm×69cm　个人收藏

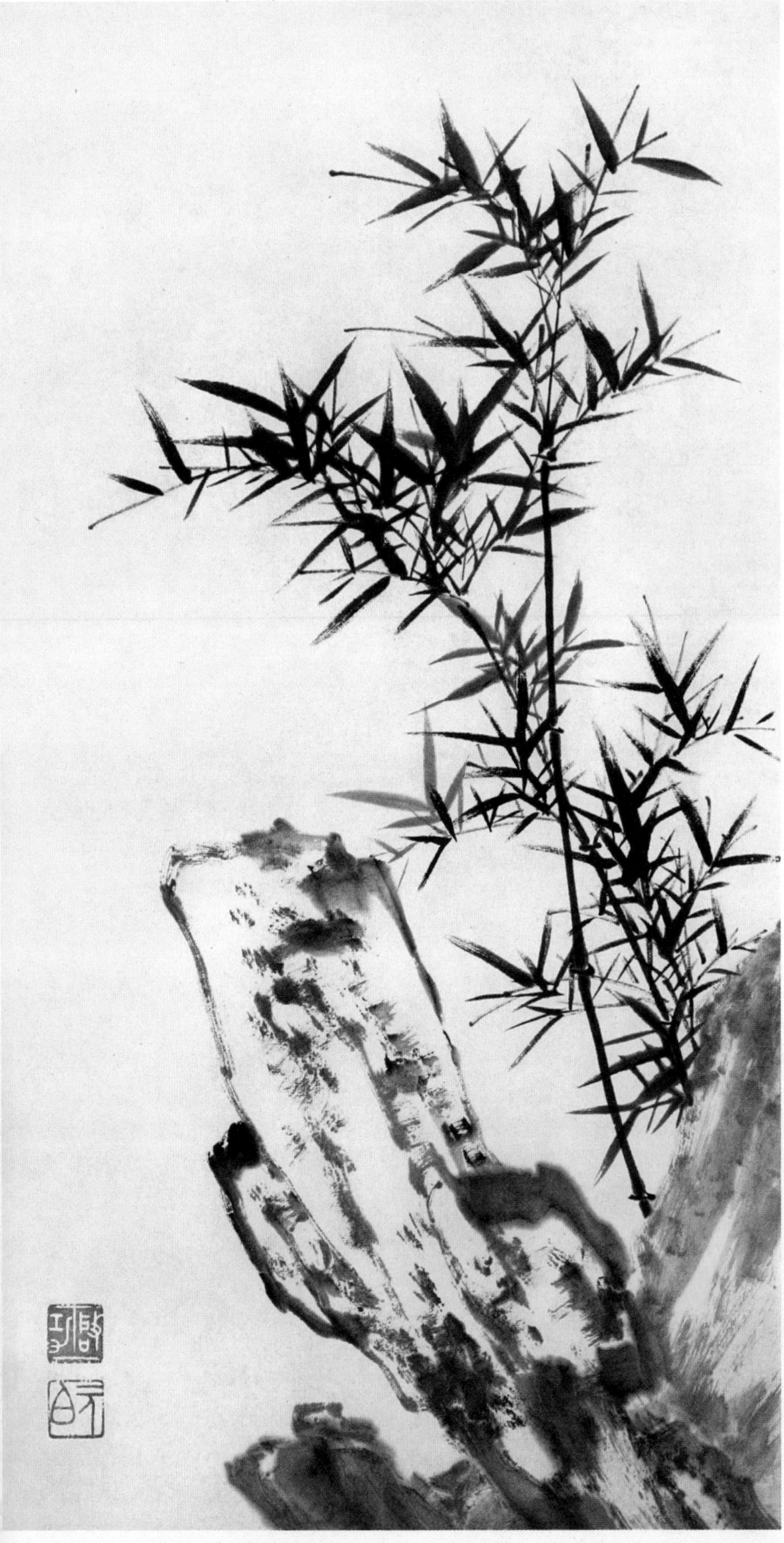

水墨竹石（未完成）

一九八九年作 设色纸本 个人收藏

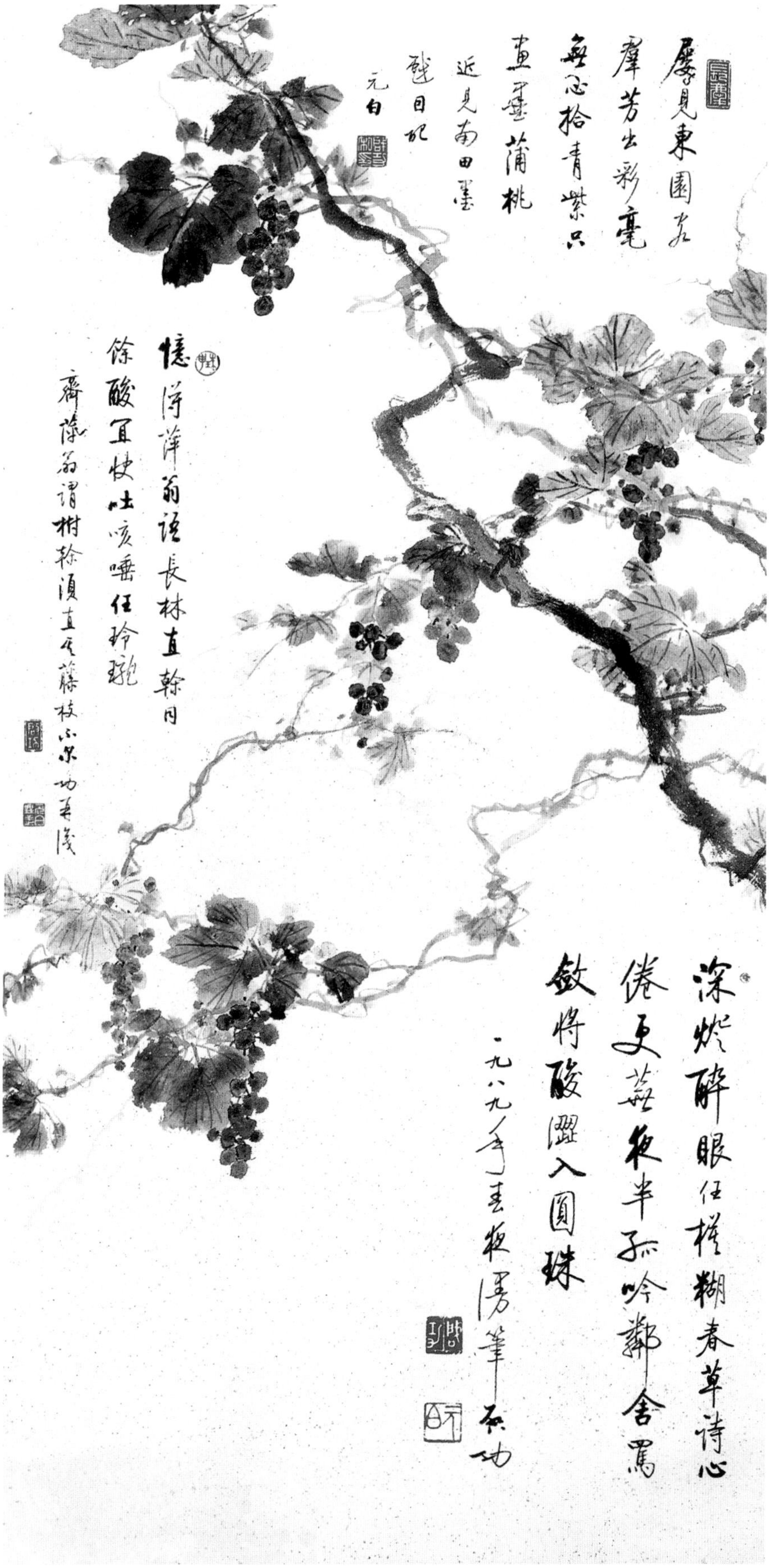

敛将酸涩入圆珠

一九八九年作　设色纸本　138cm×69cm　个人收藏

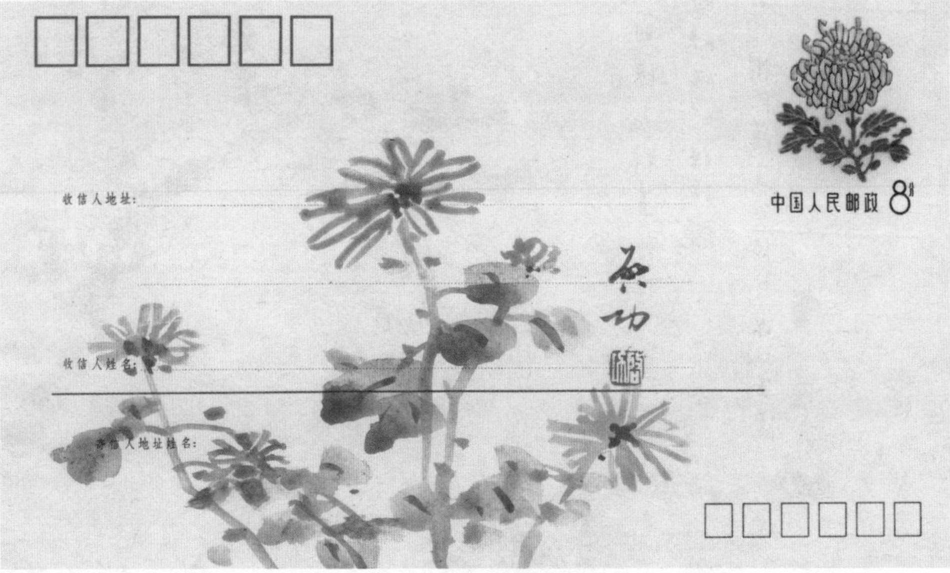

随手写菊

二十世纪八十年代作　邮政明信　个人收藏

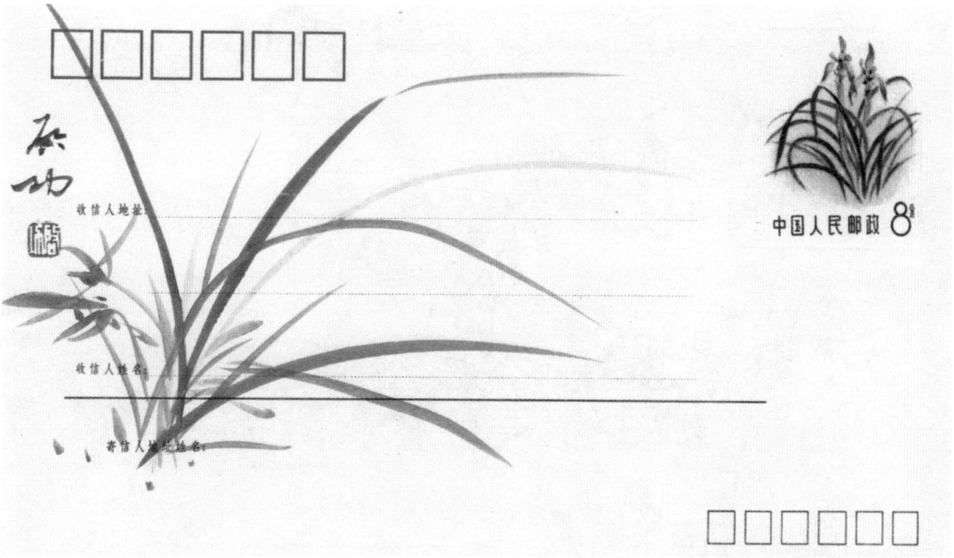

随手写兰

二十世纪八十年代作　邮政明信　个人收藏

竹石(未完成)

约二十世纪八十年代作 设色纸本 个人收藏

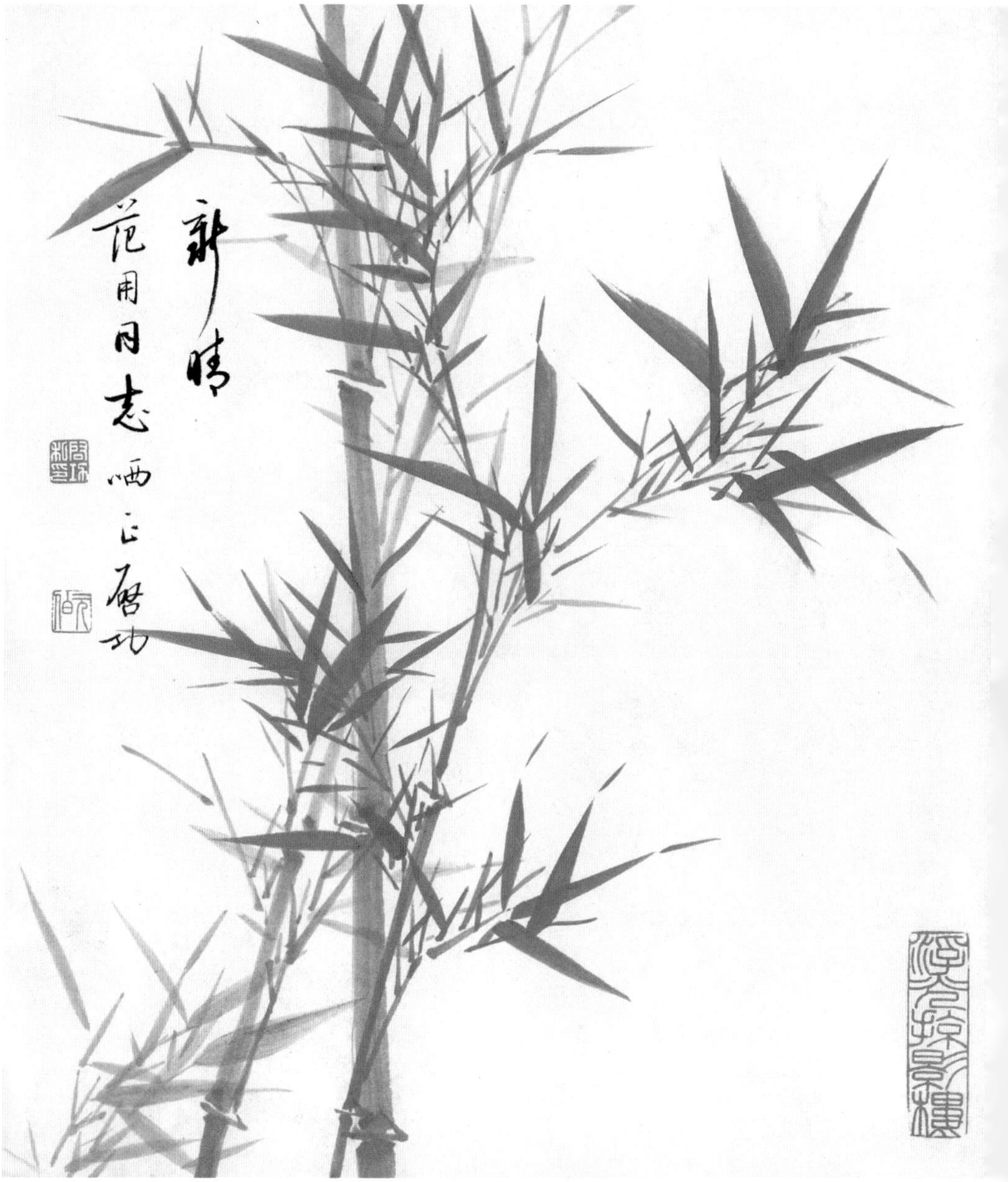

新晴

二十世纪八十年代作　设色纸本　27cm × 25cm　个人收藏

朱竹小品

二十世纪八十年代作 设色纸本 68cm×46cm 个人收藏

同心

二十世纪八十年代作　设色纸本　32cm × 42cm　个人收藏

密节疏香满一林

二十世纪八十年代作　设色纸本　42cm × 48cm　个人收藏

竹兰石

二十世纪八十年代作　设色纸本　38cm × 52cm　个人收藏

春满丹林

二十世纪八十年代作 设色纸本 38cm×52cm 个人收藏

新竹一两竿

二十世纪八十年代作　水墨纸本　61cm×30cm　个人收藏

竹

二十世纪八十年代作　水墨纸本　26cm × 35cm　个人收藏

喜看新笋出林梢

二十世纪八十年代作　设色纸本　25cm×27cm　个人收藏

海岳书屋画竹

二十世纪八十年代作 水墨纸本 100cm×37cm 个人收藏

小品竹石

二十世纪八十年代作　设色纸本　29cm × 38cm　个人收藏

兰竹石

二十世纪八十年代作　设色纸本　32cm × 130cm　个人收藏

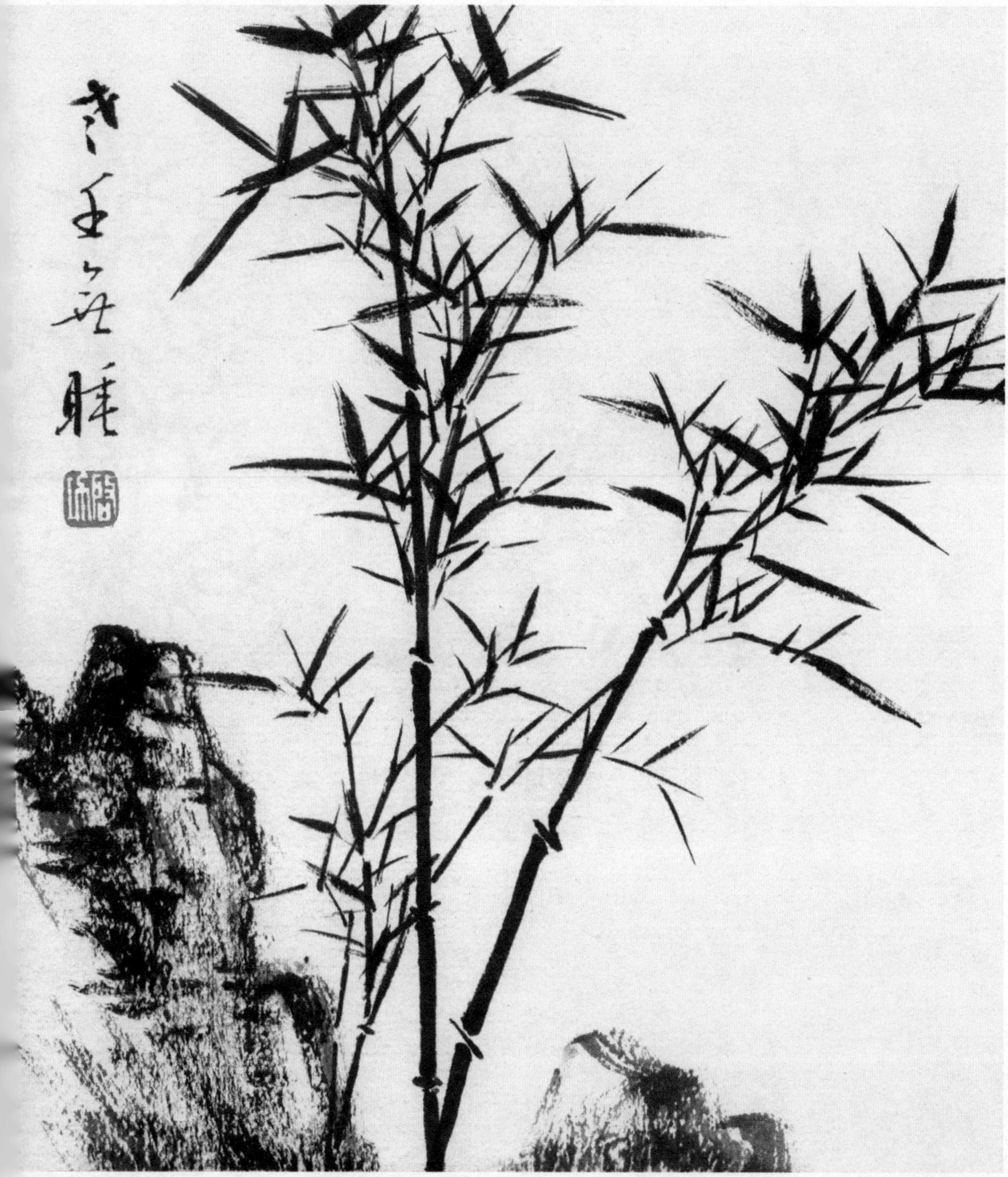

无睡画竹石

二十世纪八十年代作　设色纸本　120cm×100cm　个人收藏

竹兰祝寿

一九九〇年作　设色纸本　65cm × 43cm　个人收藏

風轉淇園萬竹新自調青綠寫來真通天
直節俱堪倚不必羅衣翠袖人
啟功并題

四季竹石图之春

一九九〇年作 设色纸本 贵宾楼收藏

四季竹石图之夏

一九九〇年作　设色纸本　贵宾楼收藏

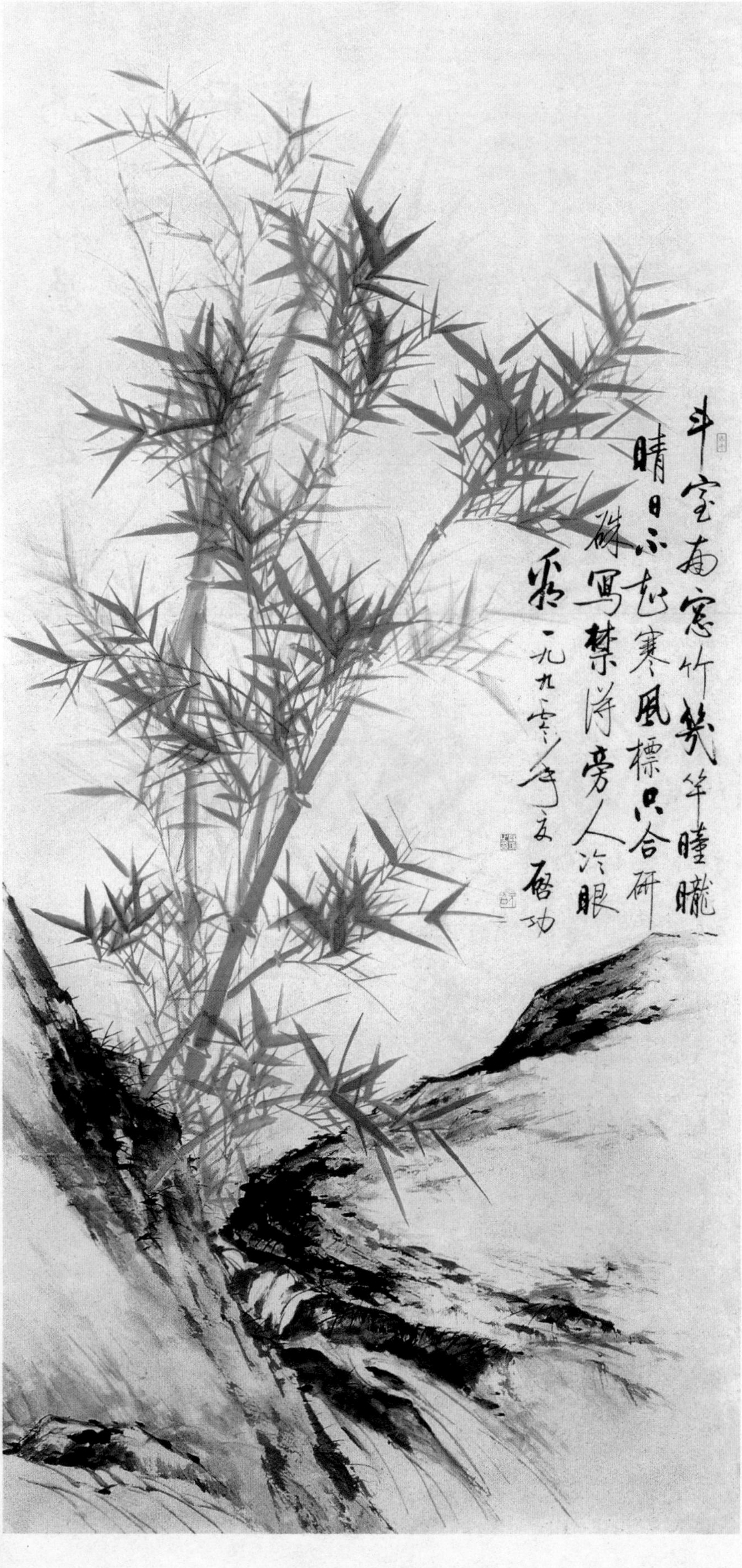

四季竹石图之秋

一九九〇年作　设色纸本　贵宾楼收藏

四季竹石图之冬

一九九〇年作　设色纸本　贵宾楼收藏

比寿同清之一

一九九〇年作　朱笔纸本　个人收藏

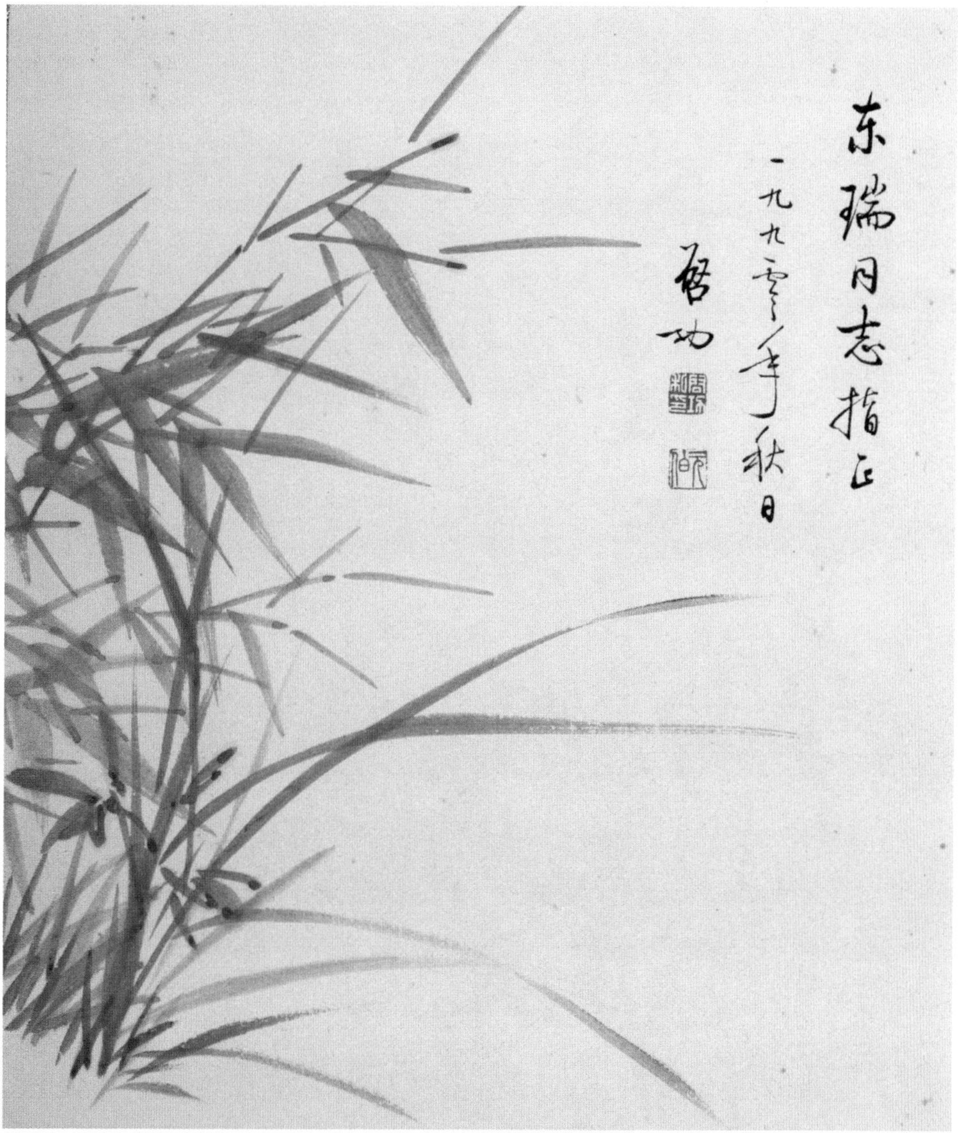
东瑞同志指正
一九九〇年秋日
启功

比寿同清之二

一九九〇年作　朱笔纸本　个人收藏

新竹图

一九九〇年作 设色纸本 86cm × 51cm 个人收藏

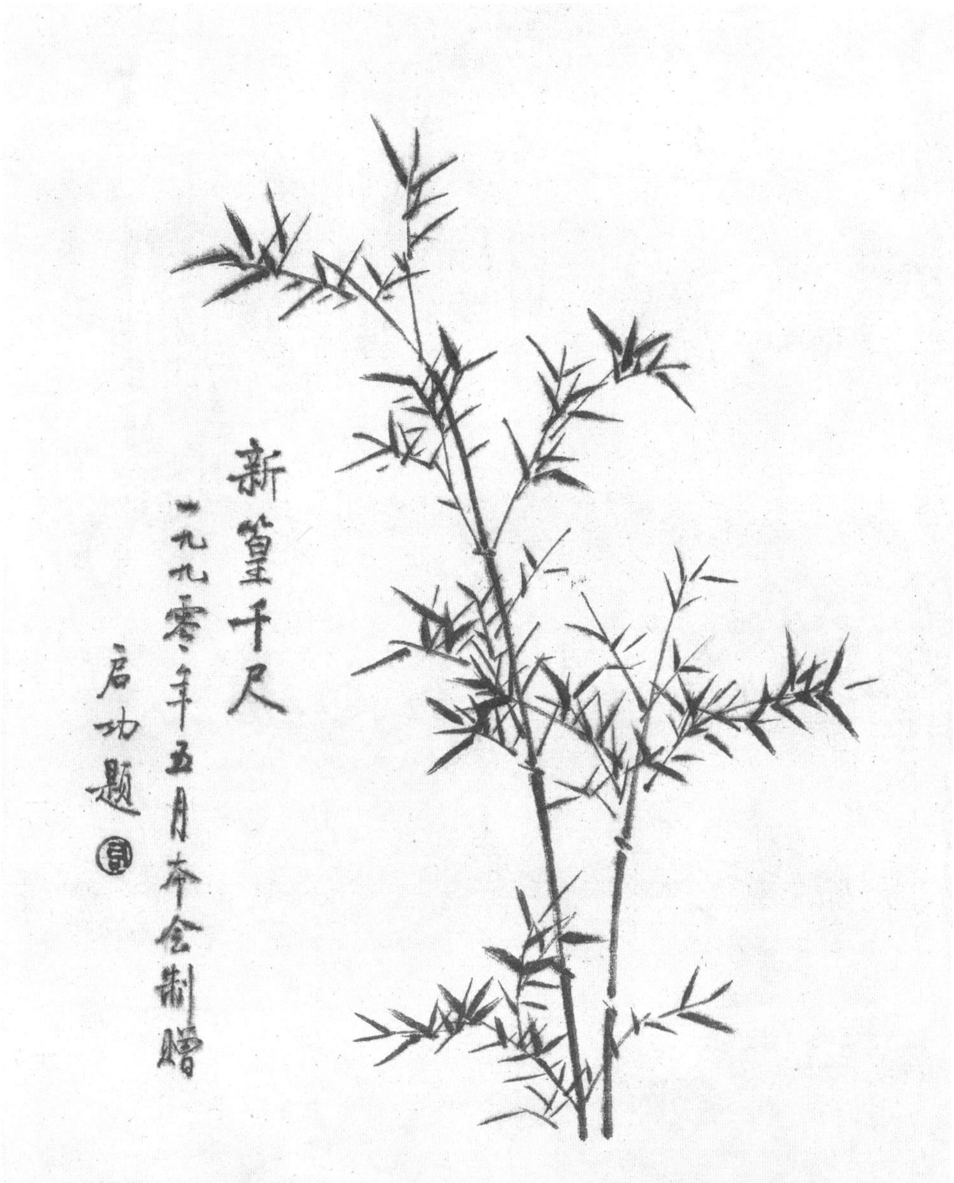
新篁千尺
一九九零年五月本会制赠
启功题

新篁千尺

一九九〇年作　朱笔纸本　个人收藏

王衍賢侄台雅正
一九九零年春日
啓功寫於堅净居

新竹一丛

一九九〇年作　设色纸本　31cm × 110cm　个人收藏

丛竹

一九九一年作　设色纸本　65cm×43cm　个人收藏

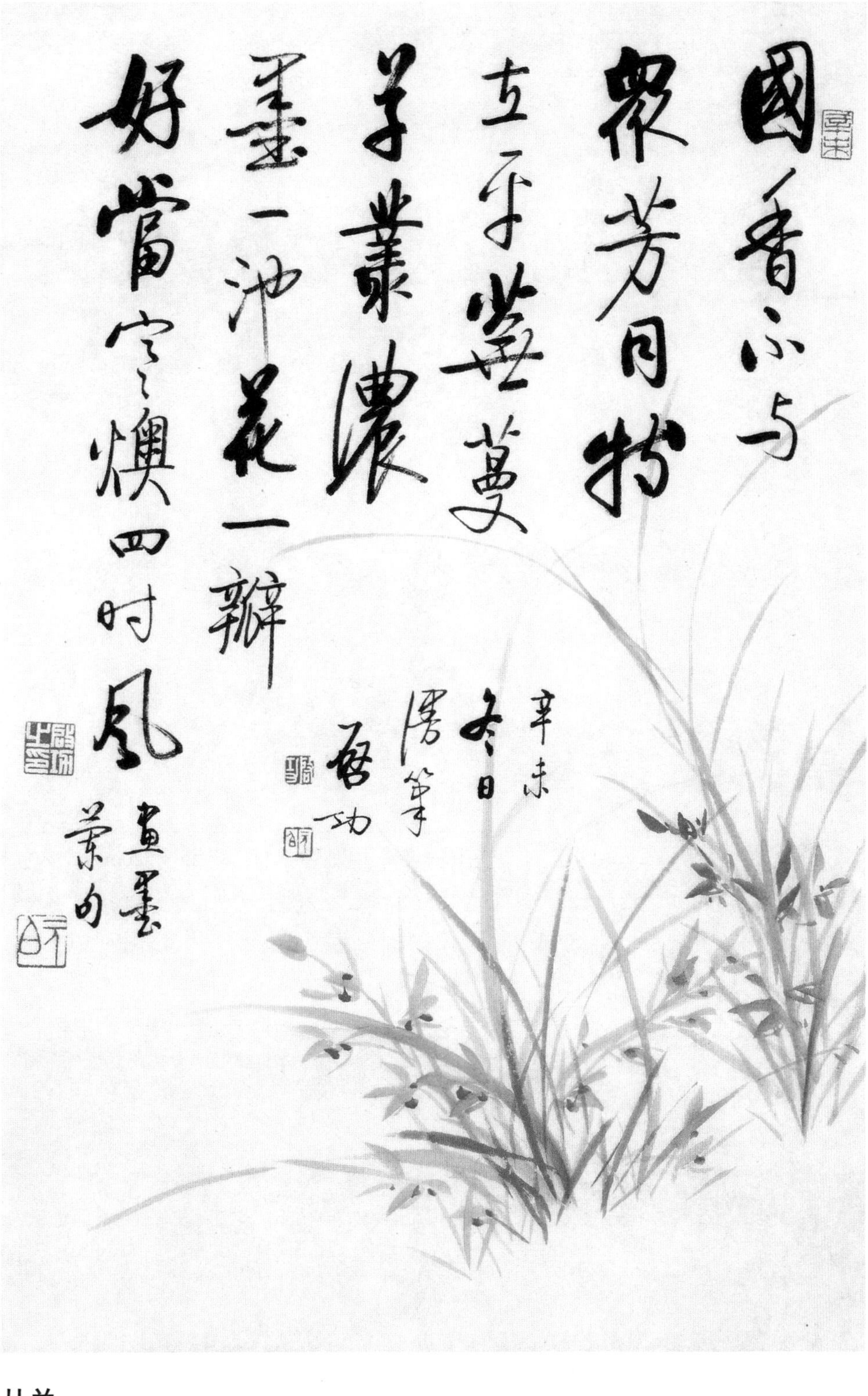

丛兰

一九九一年作　设色纸本　65cm×43cm　个人收藏

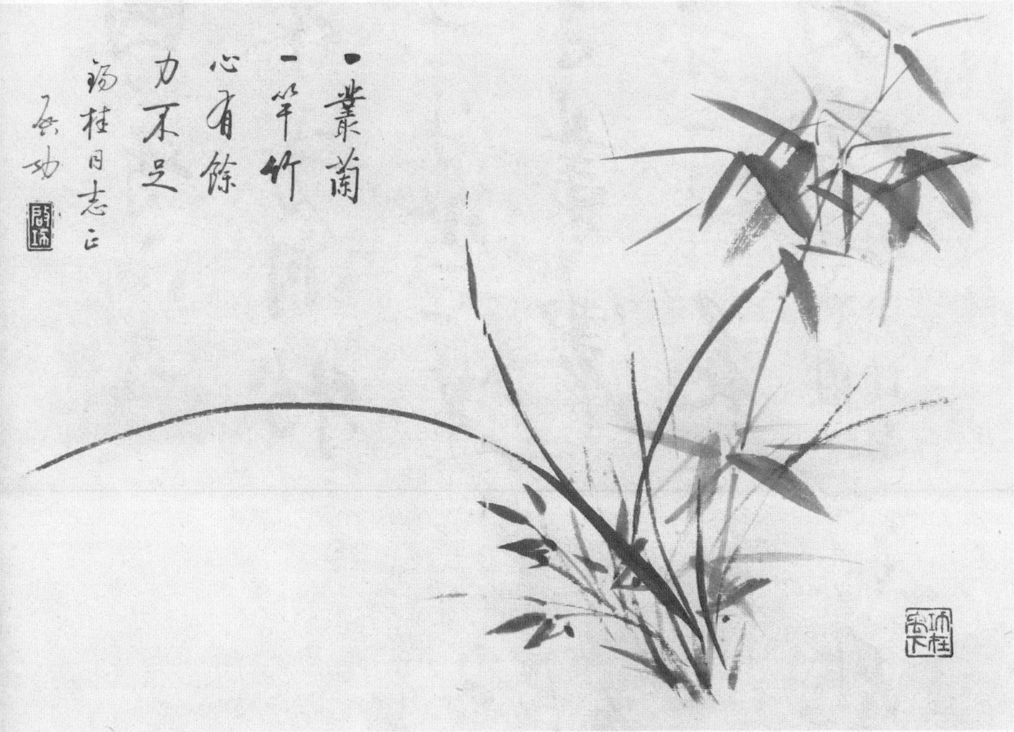

丛兰竿竹

一九九一年作　设色纸本　35cm × 52cm　个人收藏

朱竹翠兰

一九九一年作　设色纸本　39cm × 53cm　个人收藏

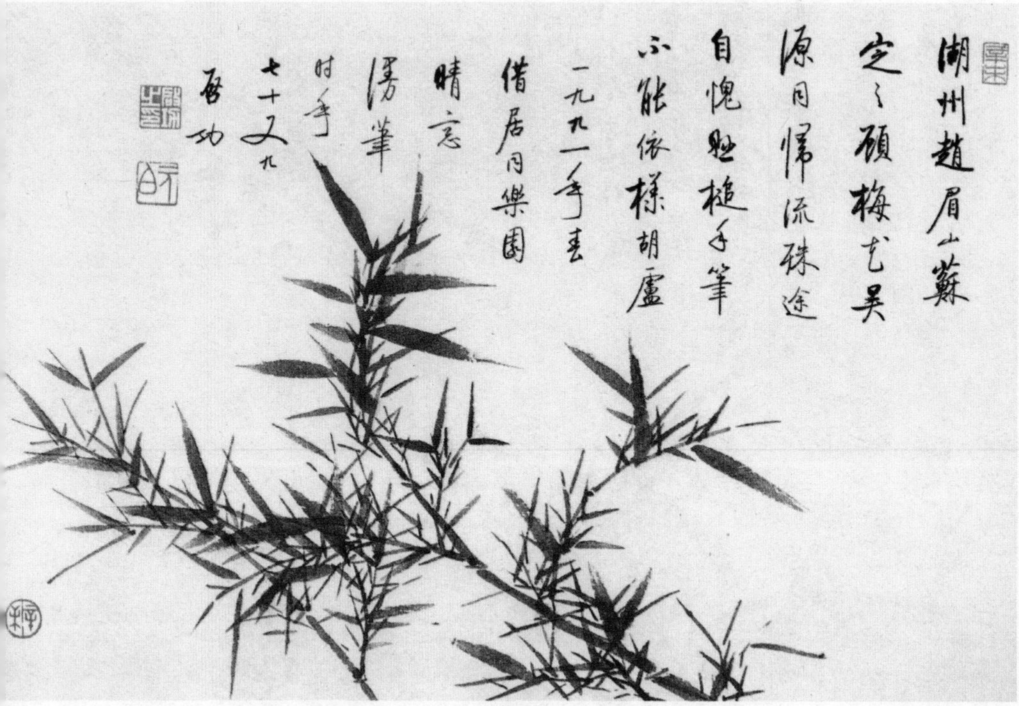

晴窗漫笔

一九九一年作　设色纸本　44cm × 67cm　个人收藏

秋竹

一九九一年作　设色纸本　30cm × 45cm　个人收藏

细竹

一九九一年作 设色纸本 65cm×43cm 个人收藏

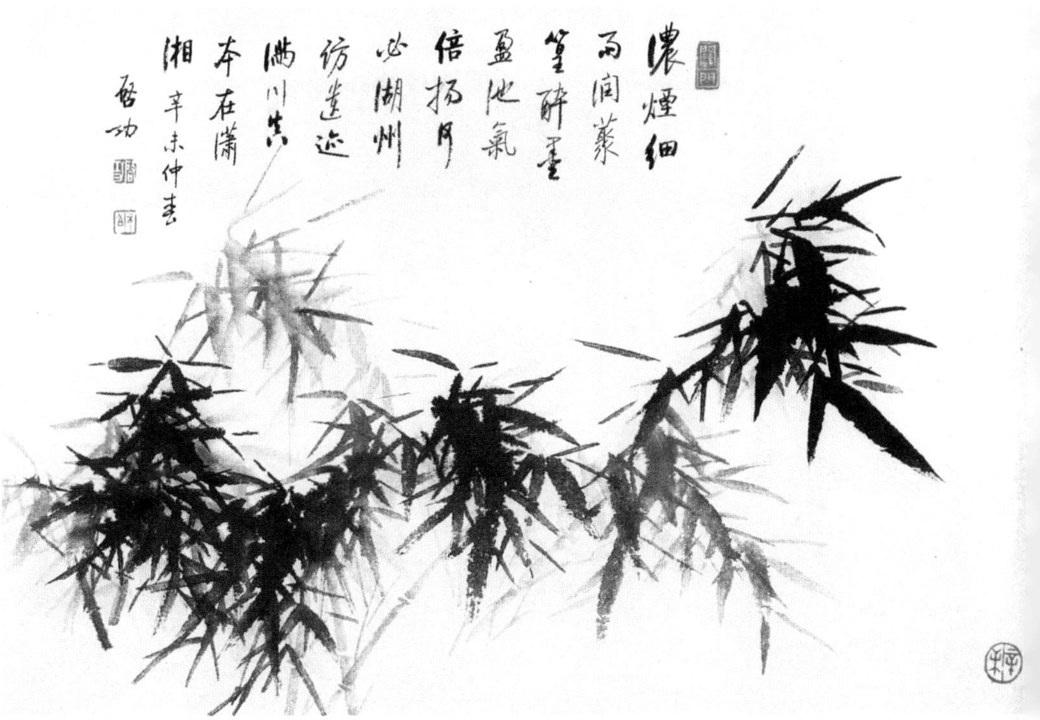

浓烟细雨

一九九一年作　设色纸本　44cm × 67cm　个人收藏

挺立长身早著绯

一九九一年作 设色纸本 116cm×52cm 钓鱼台国宾馆藏

纤尘不染

一九九一年作　设色纸本　44cm × 67cm　个人收藏

辛未孟春写於深圳
启功时年七十又九

南国兰竹图

一九九一年作　设色纸本　14cm × 88cm　个人收藏

兰花图

一九九二年作　设色纸本　30cm × 43cm　个人收藏

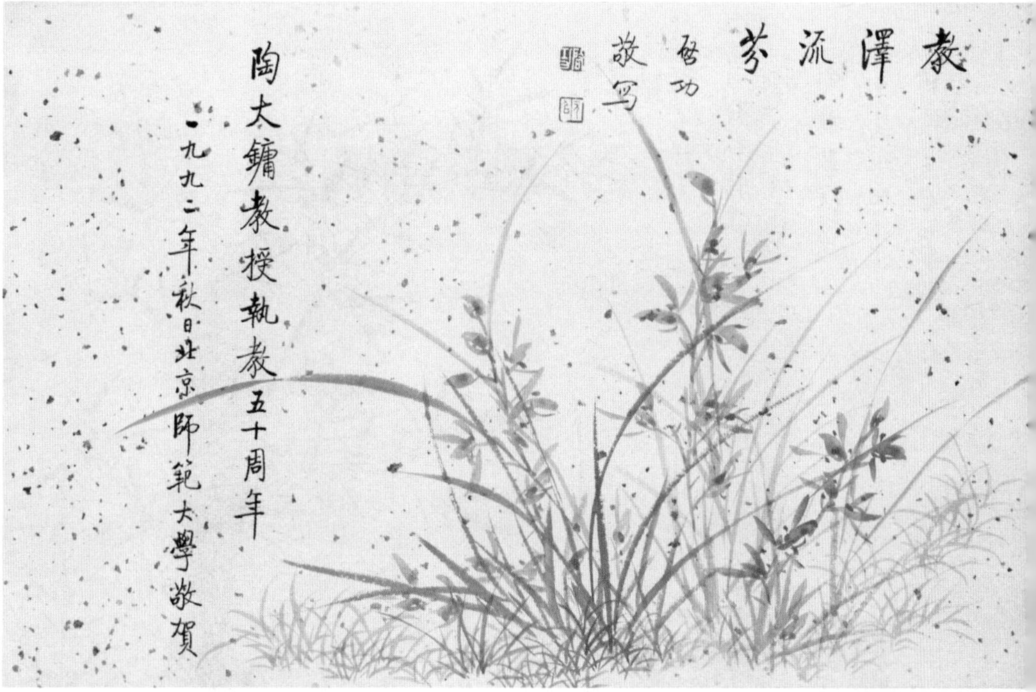
教澤流芳
啓功敬写
陶大鏞教授執教五十周年
一九九二年秋日北京師範大學敬賀

教泽流芳

一九九二年作　设色纸本　38cm × 60cm　个人收藏

淡墨横吹

一九九二年作　设色纸本　68cm × 80cm　个人收藏

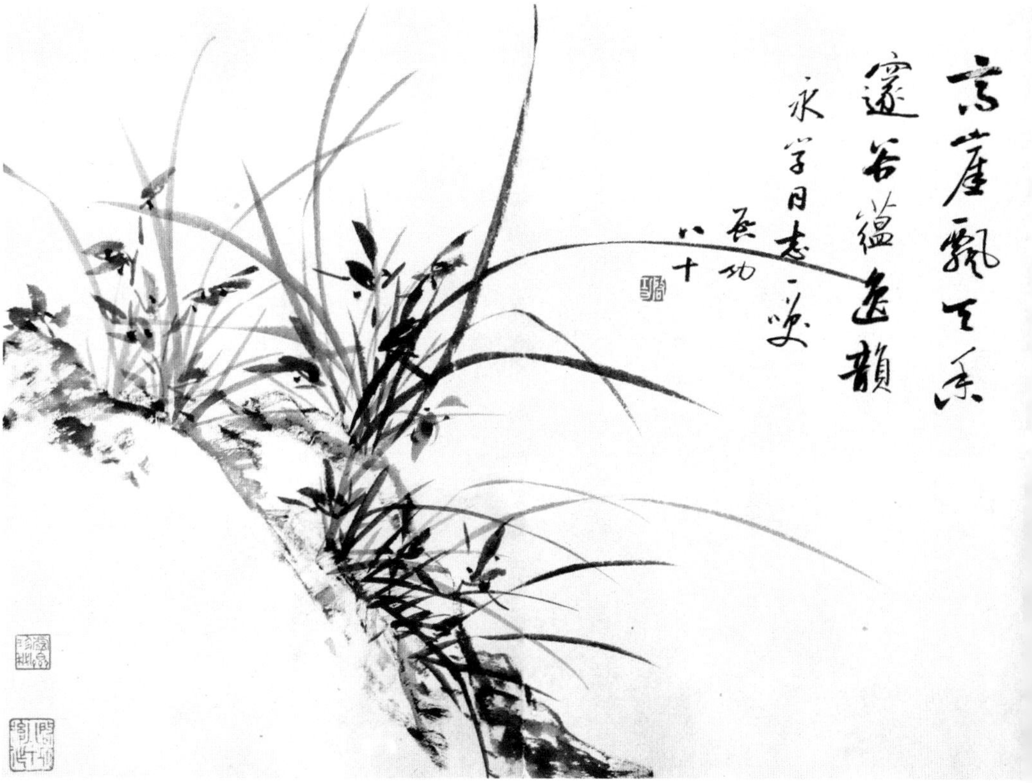

高崖飘天香

一九九二年作　设色纸本　40cm × 57cm　个人收藏

轻雷细雨
助春信荣
竹相依生
素心若墨
潑来添
怪石晨
忘三
友聽
微吟
壬申孟夏

轻雷细雨助春阴

一九九二年作　设色纸本　36cm×86cm　个人收藏

破雨游山

一九九二年作 设色纸本 46cm×38cm 个人收藏

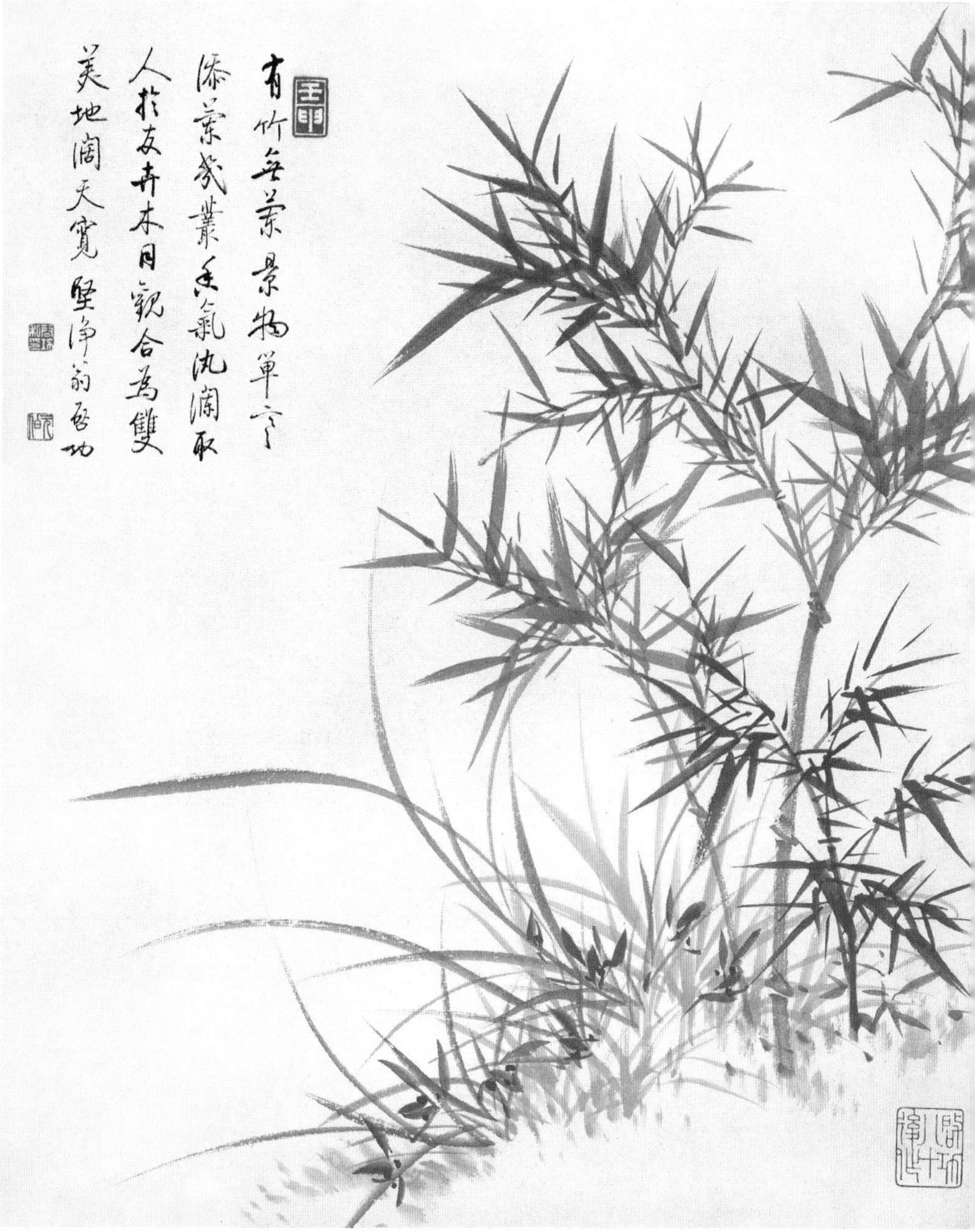

卉木同观

一九九二年作　设色纸本　46cm×38cm　个人收藏

江山晚霞

一九九二年作　设色纸本　46cm×38cm　个人收藏

五月寒生竹涧深
劳人於此暂披襟
枯毫不费推敲力
自有心声纸上吟
岁在壬申仲夏
之月启功涉笔
时年八十

竹涧幽深

一九九二年作　水墨纸本　46cm×38cm　个人收藏

松竹

一九九二年作　水墨纸本　46cm × 38cm　个人收藏

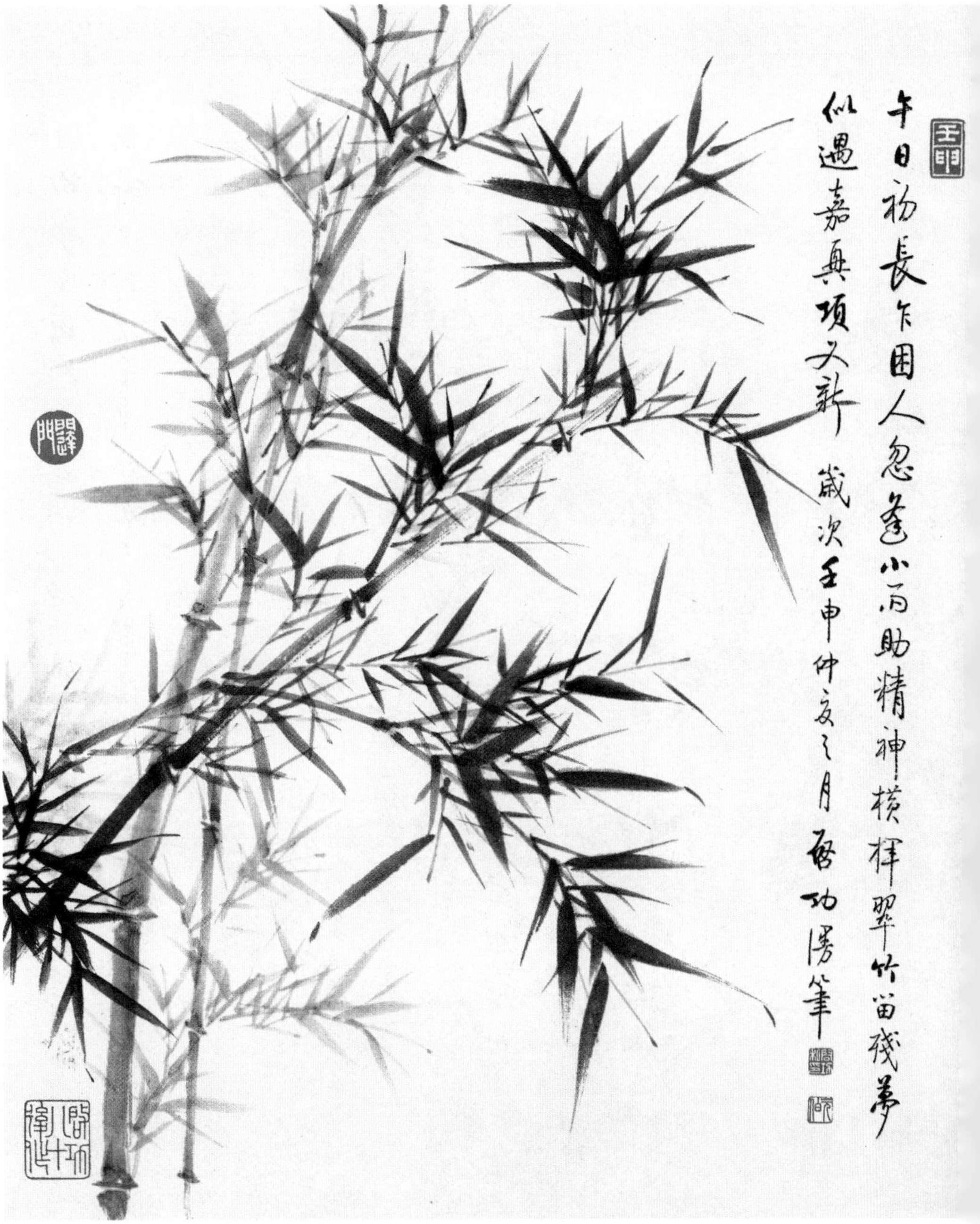

小雨助精神

一九九二年作　设色纸本　46cm × 38cm　个人收藏

雨竹

一九九二年作　设色纸本　46cm × 38cm　个人收藏

白露横江晓月
孤篷窗断梦醒
来初荷香十里
清难写昨夜沈
吟记己亥启功

荷香十里

一九九二年作　水墨纸本　46cm×38cm　个人收藏

小園一望
去青紫
未團圞
借問誰知
道蒲桃
酸不酸
堅淨翁

蒲桃酸不酸

一九九二年作　设色纸本　46cm × 38cm　个人收藏

雨里潇湘

一九九二年作　设色纸本　46cm × 38cm　个人收藏

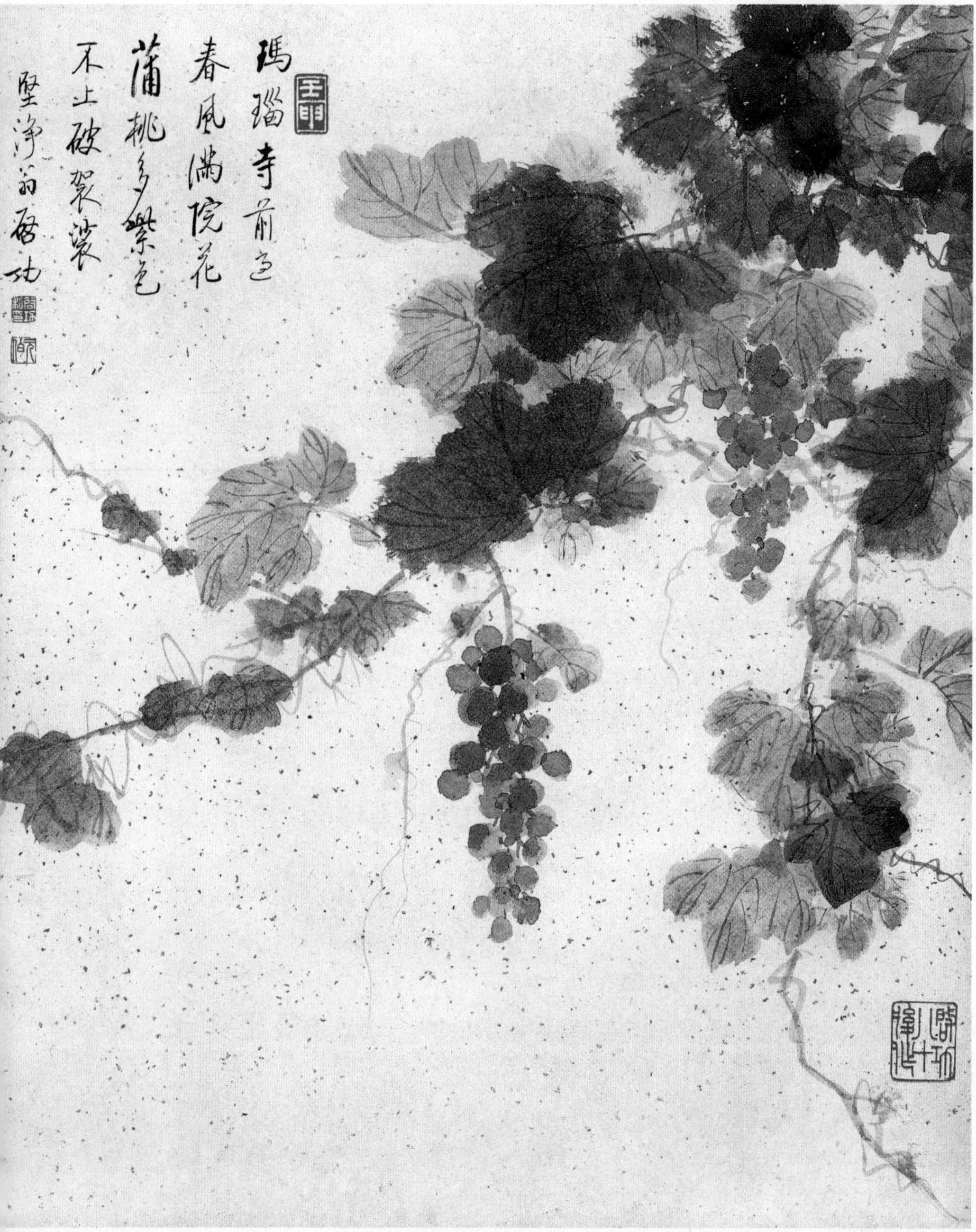
瑪瑙寺前已
春風滿院花
蒲桃多紫色
不上破袈裟
堅淨翁啟功

蒲桃多紫色

一九九二年作　设色纸本　46cm × 38cm　个人收藏

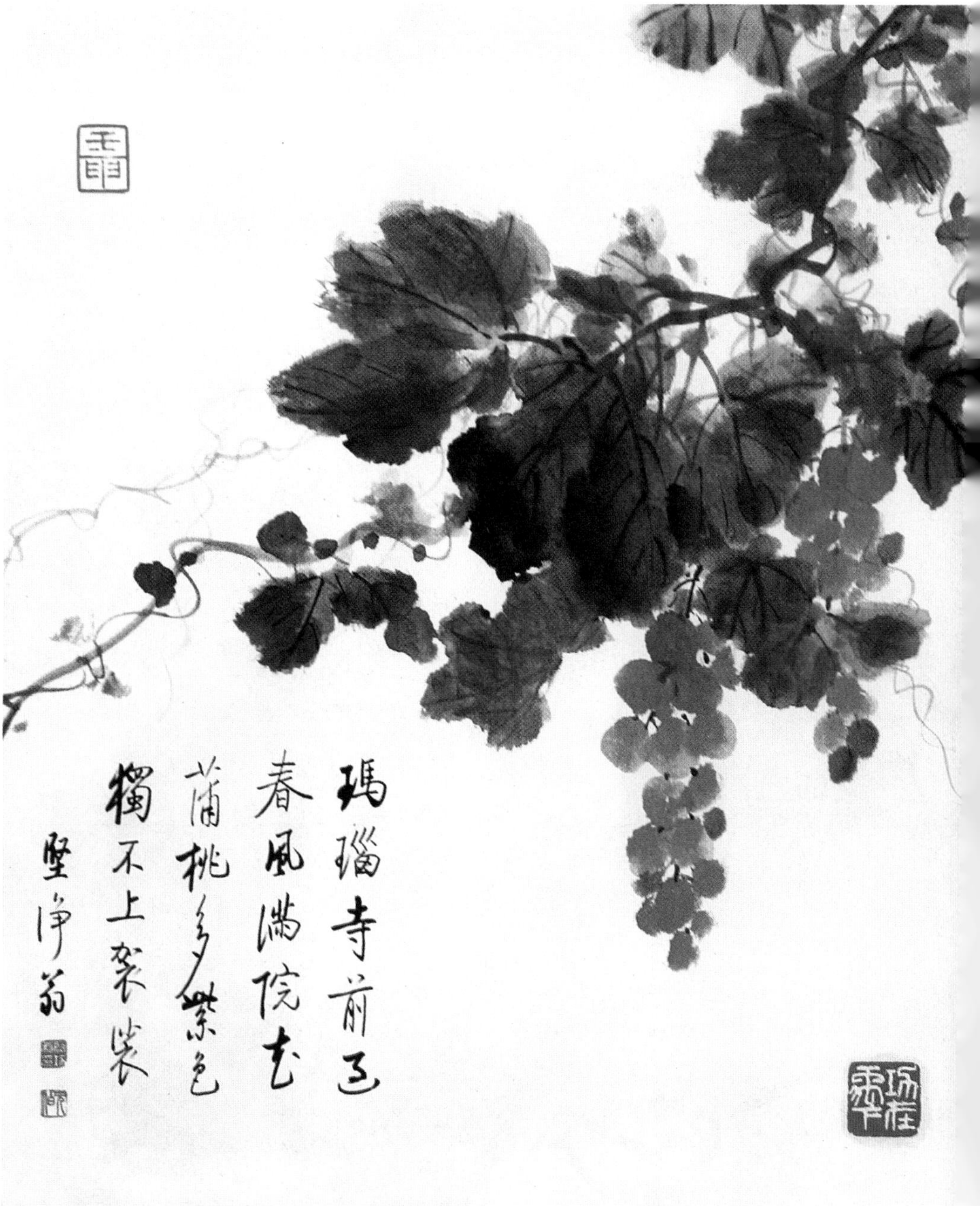
瑪瑙寺前過
春風滿院花
蒲桃多紫色
獨不上袈裟
堅淨翁

玛瑙

一九九二年作　设色纸本　46cm × 38cm　个人收藏

甘蕉修竹

一九九二年作　水墨纸本　46cm×38cm　个人收藏

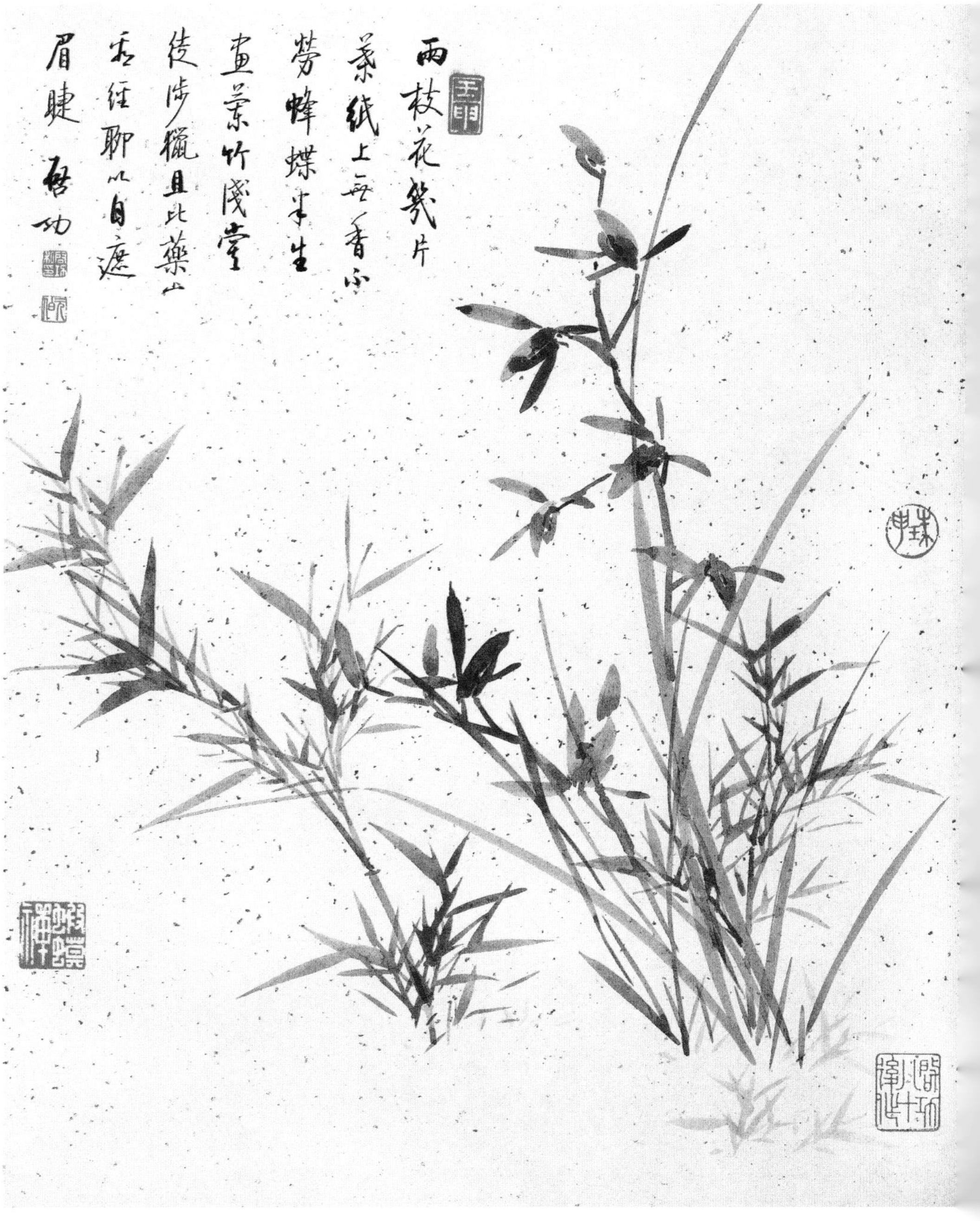

雨兰

一九九二年作　设色纸本　46cm × 38cm　个人收藏

虚心涵瑞露

一九九二年作　设色纸本　30cm×23cm　诤友杂志藏

一竿出手喜难支

一九九二年作　水墨纸本　46cm × 38cm　个人收藏

戏墨荷花

一九九三年作　设色纸本　个人收藏

试笔兰石

一九九三年作　设色纸本　27cm × 25cm　个人收藏

午日初长作困人忽逢小雨助精神横挥翠竹留残梦似还嘉禾项又新
启功并题

翠竹残梦

一九九三年作　设色纸本　58cm × 130cm　个人收藏

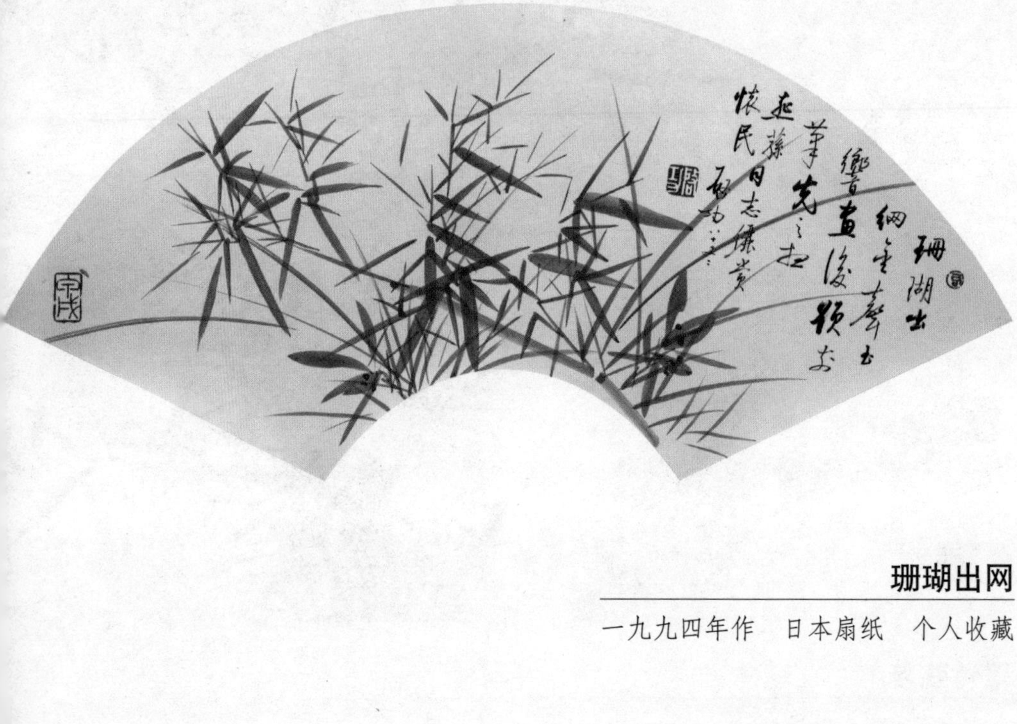

珊瑚出网

一九九四年作　日本扇纸　个人收藏

端砚镌刻画稿一

一九九四年作　设色纸本　北京师范大学收藏

端砚镌刻画稿二

一九九四年作 设色纸本 北京师范大学收藏

端砚镌刻画稿三

一九九四年作　设色纸本　北京师范大学收藏

端砚镌刻画稿四

一九九四年作　设色纸本　北京师范大学收藏

端砚镌刻画稿五

一九九四年作　设色纸本　北京师范大学收藏

神工碾玉
為花冠
又散翠羽
成浮鈿

神工碾玉为花冠

一九九四年作　设色纸本　67cm × 132cm　钓鱼台国宾馆藏

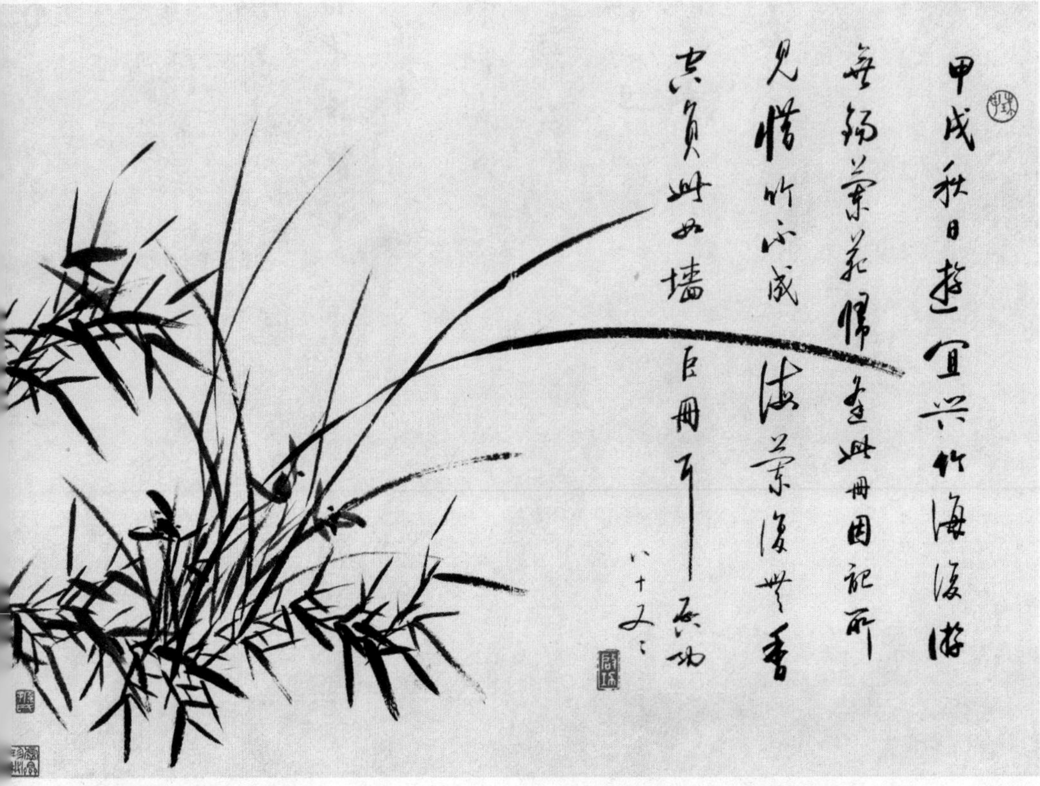

兰竹记忆

一九九四年作　水墨纸本　47cm×65cm　个人收藏

雾散烟开竹几丛

一九九四年作　设色纸本　138cm×69cm　个人收藏

松竹图

一九九五年作　水墨纸本　42cm × 60cm　个人收藏

水仙图

一九九七年作　设色纸本　85cm × 50cm　个人收藏

丹崖威凤

一九九九年作 设色纸本 27cm × 25cm 个人收藏

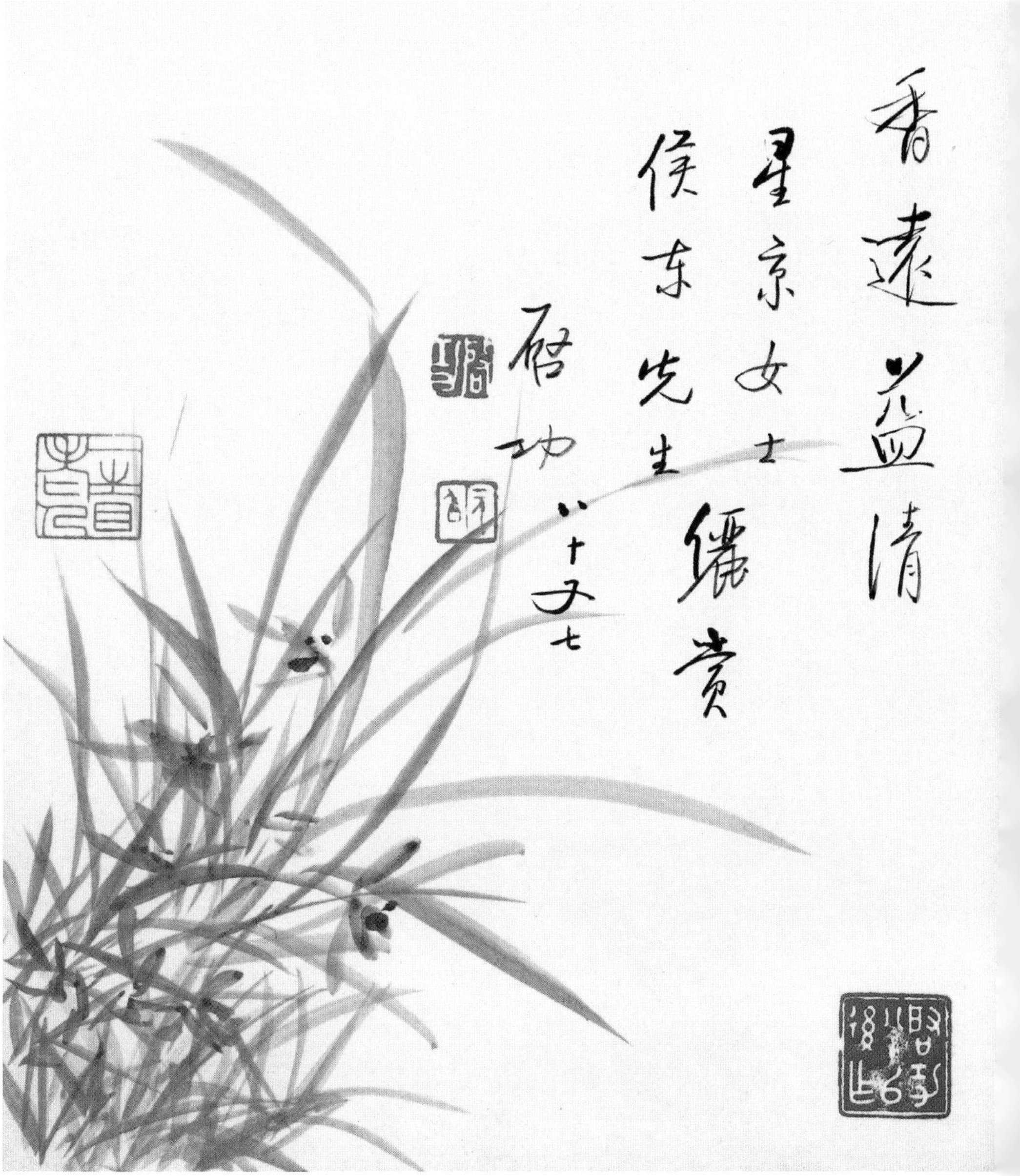

香远益清

一九九九年作　设色纸本　27cm × 25cm　个人收藏